数通未来

数字经济时代的商业进化与共生之道

黄向群 罗 辑 杨 光◎编著

人民邮电出版社

北 京

图书在版编目（CIP）数据

数通未来 ：数字经济时代的商业进化与共生之道 /
黄向群，罗辑，杨光编著. -- 北京 ：人民邮电出版社，
2024. -- ISBN 978-7-115-65563-9
Ⅰ. F71
中国国家版本馆 CIP 数据核字第 2024A9M520 号

内 容 提 要

本书深入探讨了数字经济时代的商业进化与共生之道，分 3 个部分剖析数字化转型的驱动力、路径及未来的商业模式：首先介绍了数字技术如何重构商业逻辑，以及企业数字化转型的趋势和路径；接着通过智慧农业、智慧金融、智慧考务等实践案例，展示了数字技术推动各行业创新发展的具体方式；最后展望了数字化转型背景下新质生产力的发展前景，并强调了共生、共融、共存、共赢的商业理念对企业在数字经济时代实现可持续发展的重要性。

本书适合信息和数字化领域的从业者、企业管理者与决策者，以及对数字经济、科技创新等领域感兴趣的人士阅读。

◆ 编　著　黄向群　罗　辑　杨　光
　　责任编辑　孙馨宇
　　责任印制　马振武
◆ 人民邮电出版社出版发行　　北京市丰台区成寿寺路 11 号
　　邮编　100164　电子邮件　315@ptpress.com.cn
　　网址　https://www.ptpress.com.cn
　　涿州市京南印刷厂印刷
◆ 开本：720×960　1/16
　　印张：19.75　　　　　　2024 年 12 月第 1 版
　　字数：251 千字　　　　2024 年 12 月河北第 1 次印刷

定价：129.90 元

读者服务热线：(010)53913866　印装质量热线：(010)81055316
反盗版热线：(010)81055315
广告经营许可证：京东市监广登字 20170147 号

编辑委员会

序

未来商业的数字化之路到底该怎么走？

今天，数字化正在以前所未有的力量重塑商业世界。有学者预言，在未来5～10年，各行各业将涌现出一批领先的新兴企业，同时一大批曾经辉煌的企业或将面临淘汰。数字化转型升级作为众多企业正在经历的关键阶段，被一些企业视为增长的第二曲线。在翻阅本书之前，我心中充满了对商业数字化内涵的疑惑：它究竟意味着什么？商业中是否存在一种数字化的经营模型？数字化真的是商业增长的核心驱动力吗？

与其雾里看花，不如一探究竟！

在这个日新月异的数字经济时代，我亲眼见证了数字技术如何以惊人的速度重塑商业版图、社会结构和人类的生活方式。每一个企业和个体都站在历史的转折点上，既面临着前所未有的机遇，也承载着沉重的挑战。

面对这些困境，我不禁要问：未来的商业能否更加智慧、生态可持续？企业能否在更高使命的引领下，实现经济效益与社会效益的和谐共生？组织成员能否在工作中找到成就感？而企业，又能否整合人本、精益与自组织管理的精髓，成为一个自主协同、不断进化的生命有机体，从而真正拥抱数字经济时代？

知识，作为人类独有的资源，其真正价值在于我们如何运用它去创造价值。企业的成功，固然离不开其掌握的领域内的商业常识，以及在此基础上形成的数字化经营模型。但若将数字化简单等同于数字技术的复制、粘贴，无疑是一种浅尝辄止的理解。

近年来，"非标商业""主理人商业"等新概念层出不穷，试图捕捉商业发展的动态与趋势。然而，这些观点往往停留在信息的表面，未能触及数字化的核心。真正的数字化驱动，是基于对用户群体的深入分析，将商业行为精准融入其消费特征，从而实现业态与经营模式的精准配置。这需要对数字化模型进行建立与推演，并经过实践的检验，将结果高度抽象为可应用的智慧。

商业数字化并非简单的工具应用，而是商业发展到一定阶段的必然产物。同时，企业的数字化转型不断催生新的商业模式和就业机会，使管理模型越来越清晰。这一历程，是商业逐步从定性到定量的过程，也是数字化越来越清晰、管理模型越来越显见的过程。《数通未来：数字经济时代的商业进化与共生之道》一书，正是在这样的背景下编写的。它深入探讨了不同行业的数字化转型，深刻洞察了数字经济时代的本质，全面展望了未来商业的进化路径。

例如，在与民生息息相关的医疗领域，医疗机构通过数字化手段，实现了患者信息的精准管理、医疗资源的优化配置及诊疗流程的自动化，在降本增效的同时，为患者带来便捷、个性化的就医体验；而在金融行业，借助大数据、人工智能等技术，实现了精准风险评估、智能化投资决策等个性化金融服务。

然而，商业数字化的道路却远非如此简单。不同行业、不同场景下的数字化需求千差万别，商业模型的建立需要充分考虑行业特性、市场需求及技术可行性。尽管如此,商业作为真实的应用场景,具有无限的成长性。我们看到,越来越多的行业开始与数据模型开发方携手合作,共同探索商业数字化的新路径。

读完《数通未来:数字经济时代的商业进化与共生之道》,我对数字经济有了更深刻的认识,同时也看到了未来商业发展的无限可能。在充满变革与挑战的时代,我们需要《数通未来:数字经济时代的商业进化与共生之道》这样的图书来激发更多人去思考和行动,助力企业在数字化浪潮中搏击风浪,共同推动数字经济繁荣发展,为社会的进步贡献更多的智慧和力量。

数字化转型升级的序幕已拉开,前路任重而道远。企业如果希望向更智慧、更和谐的方向进化,就必须深入挖掘数字化的真正内涵与价值,避免流于表面功夫。

路途虽遥远,但只要起步,就有到达的希望。

西安交通大学管理学院组织管理系教授、博士生导师

数字驱动变革，智慧转动未来

《孙子兵法》中提到："凡战者，以正合，以奇胜。故善出奇者，无穷如天地，不竭如江海。终而复始，日月是也。"一句简单的话道出了企业在数字化转型过程中的深层智慧——当我们徜徉在数字的洪流中，如何才能以变制变而不受制于变？

数字经济如同一颗璀璨的明珠，在时代洪流中闪耀，以前所未有的力量重塑全球经济。它不仅是资源的深度整合与优化配置，更是对传统经济结构的一次革新。在这个过程中，数字资产扮演着至关重要的角色，它们像血液一样在数字经济体系中流动，既是其生命力的源泉，也是维持整个系统运转的关键。数字资产与数字经济相辅相成，不仅在多个领域内交织共生，还在本质上展现出各自独特的优势与魅力，共同推动社会向更加开放、透明、高效的未来迈进。

智能经济，或者说是数智经济，作为数字经济的高级形态，正逐渐成为未来经济的风向标。它以人工智能为核心驱动力，将自动化、智能化提升至前所未有的高度，使生产方式更加灵活、高效、个性化，实现了从"制造"到"智造"的转变。智能经济秉承高效、和谐、可持续发展的核心理念，构建了一个人机协同、跨界融合、共创分享的新生态，为全球经济注入了新的活力与动能。

我国作为全球最大的数字社会，拥有近11亿的网民，构成坚实的数字基础，数字资产的重要性更加凸显。在这样的背景下，以数字技术驱动变革，实现数字化生存，是一种全新的生活方式，标志着人类社会的重大进步，激发了无限的创新潜能。然而，面对数字化带来的挑战，我们必须保持清晰的认识，积极应对潜在的问题与风险，确保数字经济能够在健康、可持续发展的道路上稳步前行。

近年来，以人工智能（AI）、区块链、云计算、数据分析为核心的数字技术以前所未有的速度扩张，深刻影响着我们的生活。在这个过程中，有的企业通过数字化转型实现凤凰涅槃，浴火重生，成为行业的领头羊；而有的企业则因未能及时适应变化，面临着严峻的挑战。如何把握机遇，乘势而上，实现组织间的共生、共融、共存、共赢，成为每个企业需要思考的问题。

在数字化发展进程中，我国逐渐成为全球数字经济创新的重要发源地，"建设数字中国"明确纳入我国"十四五"时期国家战略体系。随着数字技术逐渐嵌入各个行业，日渐模糊的行业边界、跨界协同、规则重塑是这场数字化变革的核心特征。要想跟上变革的步伐，就要不断迭代对数字化的理解，及时调整转型策略，以适应不断变化的市场环境。

回望我国互联网30年的发展历程，大部分企业都是从零开始，如今有些企业已经在全球数字领域占据了一席之地。这一成就的取得，离不开科研人员的创新与突破，离不开科技行业从业者的智慧与担当，更离不开我国经济的大发展与大繁荣。

科技创新是当前发展的动力之一，从硬件、软件到算法、材料、网络，各领域都涌现出重要的创新成果。虚拟现实和增强现实技术的逐渐成熟，人工智能领域的多个重要突破，区块链和物联网对人类社会网络连接边界的拓展，以及生物技术、新材料、3D打印等技术的飞速发展，都为实现数字世界与物理世界的互动提供了全新可能。

数字技术的广泛应用，不仅促进了数字世界与物理世界的深度融合，也为解决社会问题、提高生活质量提供了新的途径。在这一过程中，科技创新的重要性不言而喻。为了让更多的人、组织和社会受益于技术进步，企业需要关注如何利用数字技术促进可持续发展，解决社会痛点，增进民生福祉。

为探讨数字经济与实体经济融合的关键路径，揭开这一商业变革的宏伟图景，中数通信息有限公司（简称"中数通"）回顾总结了30余载的数字化发展历程，并结合具体实践，对当代企业数字化转型的"融合蝶变之路"进行了梳理和展望。

本书分为3个部分，旨在勾勒一幅数字中国的全景图，全面呈现中国数字经济产业发展脉络：选取了代表我国数字经济独特优势的行业，以及具有引领意义的真实案例予以解读，以揭示产业繁荣背后的企业数字化转型及成长路径，研判数字经济未来新发展方向，旨在为读者提供数字化转型的重要参考和行动指南。

世界变幻莫测，我们步履不停。

面对未来和企业的下一个10年甚至30年，让我们把企业社会价值的根基深深扎在社会土壤之中，持续响应国家与时代的需要，以充足的信心、耐心和敬畏之心推动科技创新与经济、社会协同发展。

在这个快速变化的世界里，每个人都应保持开放的心态，勇于探索，不断前进，共同创造一个更加美好的数字未来。

编者

2024年11月

── 目录 ──

──────── 第一部分／数智赋能 ────────

─────── 第二部分／**数实融合** ───────

第九章 | 其他领域：数字技术点亮未来智慧民生

—————— 第三部分 ╱ 数通未来 ——————

第十章 | 未来的商业力量：共生、共融、共存、共赢

参考文献

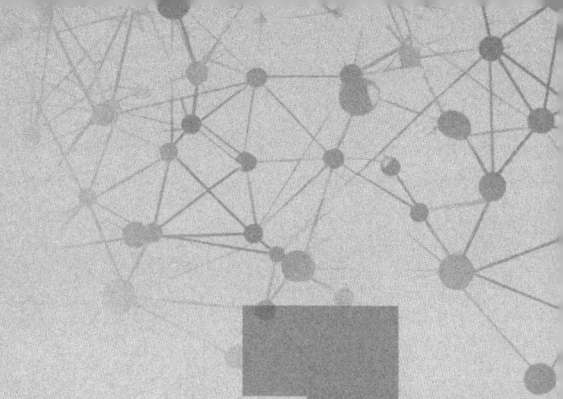

1

数智赋能

在科技飞速发展的今天，数字化与智能化已成为时代的鲜明印记，它们汇聚成一股强大的力量，正在重塑我们的世界。

在这一波又一波的科技浪潮中，我们的生活方式、工作模式乃至社会结构都经历了深刻的变革。从机器学习到智能家居，从5G到可穿戴设备，新应用层出不穷，不断刷新着人类对未来的想象。尤其是人工智能技术的发展，不仅推动了各领域创新的步伐，还促进了不同智能设备与服务之间的无缝连接，构建了一个高度互联的智能生态系统。这不仅提高了效率，优化了用户体验，同时也为解决复杂的社会问题提供了新的思路和方法。

第一章

数字化转型之路：
机遇与挑战并存

数字化转型像一股不可阻挡的洪流，席卷着每一个角落，引领我们不断深入探索这个由大数据、互联网、人工智能共同驱动的数字新时代。

在一个充满变化的时代，技术很重要，但更重要的是，无论是大型企业还是中小微企业，都要跟上时代的步伐，洞察时代的变化，拨开前行道路上的迷雾。从宏观层面上的国家战略规划到微观层面上的企业运营；从产业互联网的变革到企业的数字化转型……我们有必要回溯数字技术的发展历程。

数字技术的发展并非一帆风顺。它既带来了新的机遇，也伴随前所未有的挑战。在数字经济时代，技术面临多重考验：如何把握数字化治理的"尺度"，既要追求效率也要维护公平？如何掌控大数据管理的"精度"，挖掘数据价值的同时保护个人隐私？如何在技术应用中保持"温度"？又如何加快企业数字化转型的"速度"，在激烈的竞争中脱颖而出？最重要的是，未来我们如何用更加清晰的战略眼光和科学合理的方法，踏上这场盛大的数字化转型之旅？

一 洞察数字之源：数字化转型是大势所趋

（一）历史方位：数字技术的起源与发展

◉ 数字技术是现代信息技术的重要组成部分

数字技术是一项与电子计算机紧密相连的科学技术，它涉及使用特定设备将各种信息形式，如图像、文字、声音、视频等，转换成计算机能够识别的二进制数字"0"和"1"。通过这种转换，数字技术实现了信息的运算、加工、存储、传输、传播和还原等功能。由于在信息处理过程中需要利用计算机进行编码、压缩、解码等一系列操作，因此数字技术也被称作数码技术或计算机数字技术。此外，数字技术还涵盖数字控制技术，广泛应用于自动化控制、智能制造等领域，是现代信息技术的重要组成部分。

数字技术的起源可以追溯到古代文明时期。当时人们使用简单的计数系统来记录和处理信息。在中世纪，欧洲的数学家们对数学符号和运算规则的研究，为现代计算机科学的发展奠定了基础。

19世纪，随着工业革命的到来，数字技术得到了进一步发展。在这个时期，人们开始使用机械计算器进行复杂的数学运算，大幅提高了数学运算的效率。

20世纪初，电子计算机的问世开启了数字技术的新篇章。电子计算机不仅能够进行高速、精确的计算，还具备逻辑判断与数据处理的功能，这些特性促使其迅速在多个领域得到应用。数字技术的发展不仅重塑了人类的交流方式、信息的获取与分享模式，更深刻地影响了全球经济的运行机制，开启了信息化时代的大门。

◉ 数字技术推动中国互联网蝶变

互联网的起源可追溯至1960年，最初是作为学术和军事研究者之间共享信息的网络而诞生的。1989年，英国科学家蒂姆·伯纳斯·李提出了万维网的概念，这一创新极大地促进了互联网的普及。万维网提供了一种直观、易于使用的方式来浏览和分享信息，使互联网技术逐渐融入全球数十亿人的日常生活中。

互联网是连接世界、促进信息共享的重要力量。它不仅改变了人们的沟通方式，还推动了经济的发展。随着技术的不断进步，互联网在全球范围内不断发挥其连接和共享的能力，不仅塑造着未来的社会场景，也在不断地颠覆传统模式，引领社会向更加开放、互联的方向发展。

场景1：互联网的商业化和全球化

20世纪90年代中期，互联网开始迅速向全球扩展。随着商业公司开始提供互联网接入服务，个人和小型企业也能轻松接入这一全球网络。互联网的全球化不仅促进了跨国交流和合作，还为国际贸易和文化交流搭建了新平台。

场景2：社交媒体和移动互联网的兴起

互联网的发展推动了一系列社交媒体和移动互联网的兴起。社交媒体平台（如脸书、推特和微博等），使人们能够即时分享信息和观点，加强了全球范围内的社交联系。同时，移动设备的普及使互联网服务变得无处不在，无论何时何地，人们都可以轻松访问网络，享受便捷的信息服务。

场景3：移动通信技术的场景应用

智能手机等移动设备的普及是近年来最显著的数字技术发展趋势之一。这一趋势深刻地改变了人们的工作、学习和生活方式，不仅重塑了信息的传播和接收方式，还促进了全球经济和社会结构的变革。移动通信技术的发展为各行各业提供了强大的赋能，激发了新的应用场景，如远程办公、在线教育、移动支付等，极大地丰富了人们的日常生活，推动社会向更加智能、高效的方向发展。移动通信技术的场景应用见表1-1。

表 1-1　移动通信技术的场景应用

场景应用	具体内容
社交	智能手机的出现使人们可以随时随地保持联系。社交媒体让人们能够即时分享生活动态、交流思想，并在虚拟空间中建立和维护社交关系。同时，即时通信软件还能提供文本、语音和视频通话的功能，使远程沟通更加便捷
金融服务	移动通信技术推动了电子商务的发展，使用户可以通过移动设备进行购物和支付。例如，移动支付解决方案简化了支付流程；移动应用程序为企业提供了一个全新的营销和服务平台
教育与学习	移动通信技术为教育带来了革命性的变化。学生和教师可以通过智能手机和平板计算机等移动设备访问在线资源和课程，进行互动学习和远程教育，使自主学习更加容易
工作与生产力	移动通信技术提高了工作的效率和灵活性。许多企业采用移动办公解决方案，使员工可以在任何地点工作，并通过云服务实时协作。此外，移动应用程序还可以帮助团队管理项目、协调任务和沟通信息等

续表

场景应用	具体内容
娱乐与休闲	移动通信技术改变了人们的娱乐方式。音乐、电影、游戏和电子书等可以通过移动应用程序随时享用。流媒体服务为用户提供了丰富的娱乐内容和个性化推荐
健康与健身	通过健康应用程序和智能手表等工具，人们能够监测自己的健康状况、跟踪运动、记录饮食，并获取个性化的健康建议

随着5G、人工智能、物联网等技术的蓬勃发展，移动设备、移动互联网及不断迭代的数字技术将在我们的生活中扮演越来越重要的角色。这些技术作为推动社会向更加智能化和互联化方向发展的强大动力，正引领我们迈向一个全新的时代。

然而，身处变革中的我们也需要不断适应这些变化，积极应对并解决由此带来的挑战，如隐私保护、网络安全等问题，确保技术的进步能够真正惠及每一个人，共创一个更加美好的、数字化的未来世界。

（二）数字驱动：互联网、大数据与人工智能

数字化并非一个空洞的概念，也不是一句简单的口号。每一个数字化业务的成功实施，都离不开数字技术的支持，尤其是互联网、大数据、人工智能这三大关键技术。本书将这三大关键技术比喻为推动数字化进程的"三驾马车"。

互联网技术作为"业务渠道"，为用户提供了一个与企业互动的平台，无论是网上购物、远程办公还是社交互动，互联网都是进行这一切的基础。以买冰棍儿为例，最初人们需要找到卖冰棍儿的店铺，而现在，只需通过互

联网平台，即可轻松购买，并享受送货上门的服务。

大数据技术则是"业务产能"的核心，它通过对海量数据的收集、分析和挖掘，为企业决策提供科学依据。当用户在网上购买冰棍儿时，每一次的交易都会生成数据，这些数据累积起来形成"大数据"。互联网平台的商家通过分析用户的购买习惯、行为偏好等信息，可以更加精准地定位目标用户群体，优化产品线和服务，从而提高销售效率。

人工智能技术作为"业务内容"的创新引擎，利用智能算法和机器学习技术，为用户提供个性化推荐和服务。例如，基于用户的购物记录和行为偏好，预测其可能感兴趣的商品或服务，并将这些信息推送给他们，实现精准营销。在买冰棍儿的例子中，智能推荐系统可根据用户的口味偏好，为其推荐新的冰棍儿口味或相关产品，如冰激凌蛋糕等。

将这三大关键技术的应用过程比作工业生产流程，可以更好地理解它们的作用：

- **互联网技术**相当于进货部门和销售部门，负责原材料的采购和产品的销售，即提供与用户交互的平台；

- **大数据技术**相当于生产部门，负责对原材料（即原始数据）进行加工处理，生产出有价值的信息产品；

- **人工智能技术**相当于设计研发部门，负责产品的设计和创新，通过智能算法和机器学习，为用户提供个性化和高质量的服务。

绝大多数数字化应用都是这三种技术要素的灵活组合和深度应用。这"三驾马车"不仅推动了数字化进程的发展，也给我们的生活带来了巨大的变化，使我们的世界更加智能、高效和便捷。

（三）数智文明：加"数"到来的人类文明新形态

人类文明已经经历了原始文明、农业文明、工业文明等几个大的发展阶段，每一次文明的演进都是在技术的驱动下实现的，每一次突破性成长都为人类文明之树增添了新的枝叶。如今，以互联网、大数据、人工智能为代表的技术飞速发展，正在改变人类社会的生产生活方式和社会运作逻辑，逐渐催生出一种全新的人类文明，这就是数智文明。

数智文明已成为时代发展的新脉络，引领着新时代文明的跃迁，为我们描绘了美好的互联网蓝图。在这个过程中，新基础设施的普及如同根茎，为文明之树的成长提供养分；生产力的跃升则如同主干，支撑着文明之树的蓬勃发展；而经济、社会、文化的进步，则是这棵文明之树上结出的硕果。

数智文明的核心特点是全社会的数字化和泛在的智能化。它颠覆了传统时代缓慢、笨拙和模拟化的信息传递方式，以及完全依赖自然界生存、人类决策和从事复杂劳动的文明形态。

从技术层面来看，进入21世纪后，网络迅速普及，形成了设备与设备、个体与设备、个体与个体之间的普遍连接状态，改变了传统时空隔离的状态，形成了一种新的社会空间。

数智文明的技术基石在于无所不在的网络、大数据、人工智能及其深度融合应用，如元宇宙、智能物联网等。这些技术不仅自身不断演进，还能够引发其他相关技术的变革，如可编程生物技术等。这一系列技术的发展，从根本上改变了人类的沟通与交流方式，形成了一个覆盖全球、连接所有人与机器的智能信息圈。

在这些技术的共同作用下，人类社会将经历颠覆性变革。例如，元宇宙的出现使数字世界与物理世界深度融合，创造出全新的社交和生活方式；工业互联网、智能物联网的应用，将极大提升物理世界中人们的生产效率和生活质量；人形机器人将逐渐融入社会，与人类共同生活和工作，改变了传统的人际关系和社会结构。

数智文明的到来不仅涉及技术和能力方面的变革，还将对制度和伦理道德产生深远影响。例如，数据隐私保护、算法伦理、数字鸿沟等问题将成为社会关注的焦点，需要社会各界共同努力，制定相应的法律法规和技术标准，确保技术发展惠及所有人。

数智文明并非孤立存在，而是需要人们共同参与、共享其美。数智文明新时代的到来，标志着人类文明迈向了一个更高的阶段。我们应当秉持开放包容的心态，与产业链、生态圈，以及国内外的伙伴共同努力，推动数字技术的共生、共创与共荣，让数智文明的成果更好地惠及人类。

（四）大国战略：数字经济成为国家之间竞争主战场

◉ 数字经济的内涵

探讨"数字经济"这一概念，我们首先要理解其内涵。2016年举办的G20峰会（二十国集团领导人峰会）上对数字经济进行了明确的界定：**数字经济以数字化的知识和信息为核心生产要素，依赖现代信息网络作为关键载体，并通过信息通信技术的有效运用来推动效率提升和经济结构优化的一系列经济活动。**简而言之，数字经济是新一代信息技术与经济、社会深度融合的产物，新一代信息技术涵盖了5G、物联网、大数据、云计算、人工智能、区块链等技术的融合应用，是当前全球创新最活跃、发展最迅猛的科技领域。

从党的十八大将创新置于国家发展核心，到党的二十大强调高质量发展是全面建设社会主义现代化国家的首要任务，这一转变不仅体现了我国经济已从高速增长阶段迈入高质量发展阶段，也彰显了科技创新在国家发展全局中的重要性。党的二十大报告更是首次将教育、科技、人才进行"三位一体"的统筹安排和一体部署。《党和国家机构改革方案》中，组建中央科技委员会、重组科学技术部、组建国家数据局等举措，进一步体现了国家对科技创新的重视。而《中华人民共和国国民经济和社会发展第十四个五年规划和2035年远景目标纲要》（以下简称"十四五"规划）中专题部署的"加快数字化发展，建设数字中国"，更是将发展数字经济上升到国家战略的高度。

◉ 三个关键词透视国家战略布局

聚焦3个核心关键词：高质量发展、科技自立自强、数字经济，深入理解当前的国家战略布局。

关键词1：高质量发展

高质量发展的核心在于坚持科技是第一生产力、人才是第一资源、创新是第一动力。这要求我们加强企业主导的产学研深度融合，并进一步强化企业在科技创新中的主体地位。过去30年，我国经济快速增长主要依赖于资本积累、人口红利、全球化融入及改革开放带来的资源再配置效应。然而，这种增长模式下的产品往往缺乏核心技术、附加值不高。未来，我国要走高质量发展之路，就必须依靠教育、科技和人才，推动产业链从低端向中高端转型，实现高附加值。简而言之，就是要激发人才红利，用科技创新来增强经济实力。

关键词2：科技自立自强

科技自立自强是国家强盛之基、安全之要。我们必须深入贯彻新发展理念，实施创新驱动发展战略，牢牢掌握科技命脉，不断提升国家发展的独立性、自主性和安全性。例如，科学计算是创新的重要组成部分，如今已成为所有科研和创新的重要范式；先进计算融合了多项技术，是新一代信息基础设施的关键。目前，我国在算力方面已是高性能计算领域的强国，但在工业软件方面还需要加快追赶。

关键词3：数字经济

数字经济正以前所未有的方式重塑我们的社会、经济和生活。从直播带货到线上会议，从应用程序查询预订机票到"黑灯工厂"的自动化生产线，数字经济成为推动社会进步和经济发展的重要力量。众多行业的发展也越来越离不开数字经济，它正在引领我们进入一个全新的、以数据为驱动的发展时代。在这个时代背景下，我们必须紧抓机遇，积极布局，以科技创新为引领，推动数字经济的高质量发展，为我国乃至全球的经济发展注入新的活力。数据要素是数字经济的核心，未来数据要素的竞争规则将对一个国家的综合实力产生深远影响，并逐渐形成一个全新的数字生态，包括数字基础、数字能力、数字应用和数字规则等方面。数字生态越强，越能充分挖掘数据要素的价值。数字经济还涉及计算赋能（场景）的竞争，我国丰富的应用场景为计算赋能的发展提供了有利条件。

二 新的使命与挑战：数字场景下的技术大考

（一）把握数字化治理的"尺度"

在探索数字化治理的广阔前景时，我们应审慎地考虑其"尺度"问题。数字化是一把双刃剑，在提高治理效率的同时，也带来了公众信任度和安全感的考验。随着数字化治理的正面效应日益显现，其潜在风险也逐渐浮出水面。

数据的采集、使用和保护成为核心议题

数据的采集是否应该有明确的边界？数据是否可以无限制地进入所有空间？采集数据前是否需要告知被采集者并获得其同意？数据的所有权归属何方？谁有权使用？谁被禁止使用？在何种情境下数据的使用是合理的？又如何防止数据的滥用或过度使用？

有没有可能，数字化既是一种让社会变得更安全的力量，也可能成为剥夺个体隐私和尊严的利器。例如，治理过程中的数据过度搜集与挖掘、过度解读与主观偏差、过度弥散与渗透，以及过度依赖等问题，都可能导致数据信息安全风险、大数据被滥用，以及个体权利选择与自由意志被剥夺。数字化治理并不是万能的，若使用不当，则会导致低效治理甚至社会风险。

算法的透明性和公平性不容忽视

如何确保算法不会成为具备歧视性的工具？如何保证算法的准确性，

以及在算法出错时，人们是否有权申诉？人们是否拥有不被暗中"算计"和"贴标签"的权利？

数字化治理是否意味着要全面颠覆现有的治理模式和生活方式？数字化的推进是否有其应有的边界？在数字化治理中，公众是否拥有选择权、参与权和监督权？公权力的边界又该如何界定？当政府部门和工作人员被赋予强大的数字技术能力时，他们是否也同时被授予了相应的权力，并承担起了相应的责任？数字"赋能"、数字"授权"和数字"负责"是否同步进行？

（二）掌控大数据管理的"精度"

在数字化浪潮席卷的今天，大数据已成为企业洞察用户需求的宝贵资源。通过深入挖掘与分析，企业能够更精准地把握用户的喜好、需求和行为模式，进而量身定制营销策略，提升用户的满意度与忠诚度。然而，大数据的精度易受数据来源、处理方式及算法模型等因素的影响。

提升大数据精度是企业洞察用户需求的关键。通过优化数据源、选择合适的数据处理方式和算法模型，企业能够显著提升大数据分析的精度与价值，更精准地把握用户行为模式，从而更好地满足用户需求。

精度之基：数据源

数据源是大数据精度的基石，直接影响数据的可信度与全面性。若数据源不可靠或片面，分析结果将大打折扣。因此，企业在选择数据源时，应着重考虑真实性与准确性、全面性与时效性和可分析性这3个方面，详见表1-2。

表1-2　企业在选择数据源时应考虑的3个方面

方面	内容
真实性与准确性	优先选择公信力高、数据准确可靠的机构或第三方数据服务商，确保数据的真实性
全面性与时效性	选择覆盖面广、更新及时的数据源，保障数据的全面性和时效性
可分析性	选择数据格式统一、易于比较的数据源，便于后续的数据分析与处理

精度之魂：数据处理

数据处理方式是大数据精度的灵魂，决定了数据能否转化为有价值的资产。不当的数据处理方式会削弱数据的分析价值，企业在数据处理方面应关注数据清洗与预处理、数据分析与挖掘，以及数据可视化与呈现，详见表1-3。

表1-3　企业在数据处理环节应关注的3个方面

方面	内容
数据清洗与预处理	剔除重复、缺失和异常数据，确保数据质量
数据分析与挖掘	从海量数据中提炼出有价值的信息与知识，支撑决策与创新
数据可视化与呈现	将复杂的数据通过图表、报表等直观形式表现，便于理解与应用

精度之核：算法模型

算法模型是大数据精度的核心，决定了数据如何被解释和预测。采用不合适的算法模型将导致分析结果失真。因此，企业在选择算法模型时应关注适用性与准确性、可解释性与可控性，以及创新性与可持续性这3个方面，详见表1-4。

表 1-4　企业在选择算法模型时应关注的 3 个方面

方面	内容
适用性与准确性	选择与企业业务场景和数据特征相匹配的算法模型，确保分析的准确性
可解释性与可控性	选择易于理解和调整的算法模型，以便更好地掌控分析过程与结果
创新性与可持续性	注重算法的创新与可持续发展，不断提升分析效果、扩大应用范围

（三）保持技术应用的"温度"

数字治理应更多地关注公众的真实体验与感受。我们不禁要问：数字治理是否真正带来了更有温度的服务？是否实现了更人性化的管理？是否为大家带来了更多的幸福感？

◉ 数字化服务的初衷

作为现代技术的产物，数字化服务无疑在效率与便利性上取得了显著成效。但全程数字化、完全不见面的服务并不一定会带来更好的用户体验。研究发现，数字化服务在为一部分人带来便利的同时，也可能成为另一部分人的生活障碍。"数字鸿沟"的存在，使弱势群体在数字化进程中逐渐被边缘化。

"数字鸿沟"的本质已逐渐从设备接入转变为数字技能的差异。弱势群体因数字技能的缺失而逐渐被边缘化。这种鸿沟的加大不仅会影响公共服务的公平性和包容性，还可能会加剧社会的不平等。

在推进数字化服务的过程中，我们不能忽视那些因经济、年龄、性别、教育或地理位置等因素而处于劣势的群体，"一刀切"地推广数字化服务。同时，我们也应意识到，非自愿选择的数字化服务可能会给人带来不便。政务服务智能化的程度并非越高越好，而是要选择合适的场景，并采取必要的配套措施。机器无法完全取代人，冰冷的电子屏幕也无法替代人的笑脸相迎。数字治理应致力于促进数字包容，尽力消除数字排斥，确保大家都能从数字技术中受益。

因此，在追求技术效率的同时，我们应保持技术应用的"温度"，关注公众的实际感受和需求，给予公众选择不同服务渠道和服务方式的权利。这样，我们才能真正实现数字化服务的初衷——更好的体验、更人性化的管理和更多的幸福感。

⊙ 以人为中心，而不是以数字为中心

近几十年来，尽管国内外实践者和学术界对数字技术赋能治理的前景寄予了厚望，但仅靠技术的单兵突进和刚性嵌入，而忽视理念的更新、制度的变革、组织的转型、法治的规范与伦理的关切，可能导致数字治理不能充分释放技术的潜力以实现治理的有效优化，还可能带来一系列预期之外的影响，如影响人的体验和感受，抑制人的自主性和参与度等。

因此，我们需要对数字治理的目标期望和推进方式进行深刻的反思和调整。首先，必须明确技术赋能并不等于技术万能。对于数字技术赋能治理的期望应当切合实际，数字技术并非解决所有治理问题的"万能药"。其次，推进数字治理不能仅仅依靠技术的单维度赋能，还需要理念、制度、组织、法治、伦理等多个维度的协同支撑与规范制约。我们必须认识到：技术上可

能的，并不一定就是组织上可行的，更不一定是政治和社会上可接受的。

数字治理不能仅仅关注技术上的"能不能"，而忽视管理上的"可不可行"、公众感受上的"好不好"及法治上的"可不可以"。数字治理应始终以人的感受为出发点和落脚点，有所为，有所不为，把握好技术应用的"温度"。这将直接影响公众在数字经济时代的获得感和幸福感。

归根结底，数字治理的终极目标应以人为中心，而非以数字为中心。它旨在让人成为自己，而非成为工具；旨在维护人的自主性，而非将人交给机器来主宰；旨在促进人的自由全面发展，而非将人异化为数字的奴隶。

（四）提升企业数字化转型的"速度"

如今，企业数字化转型已成为不可逆转的趋势，而数字化转型的"速度"则成为决定企业能否脱颖而出的关键因素。在数字化转型的浪潮中，每一个决策、每一步行动，都需要与时代同频共振。

数字经济主战场充满了挑战与机遇，各行各业都在竞相奔赴，力求在变革中取得进步。然而，在这场时代的"动荡"中，谁能够迅速适应、快速转型，谁就能像武侠小说中的英雄一样，驭风而行，勇立潮头。

"天下武功，唯快不破"，这句话在企业的数字化转型中同样适用。要想在这场数字化转型之战中出奇制胜，企业必须练就"快、准、狠"的招式。

这里的"快"是指数字化转型的速度，企业应迅速响应市场变化，抓住机遇；"准"是指企业数字化转型的方向和目标要准确，确保每一步都走在正确的道路上；"狠"是指数字转型的决心和力度，企业的决策者要有敢于革新、敢于突破的勇气。

因此，企业在推进数字化转型的过程中，必须加快速度，以"快"制胜，以"准"稳行，以"狠"破局。只有这样，才能在数字经济的浪潮中打出声威、打出气势、打出振奋人心的成果。

第一，下手要"快"

《汉书·项籍传》有云："先发制人，后发制于人。"意指先出击者能制服敌人，而后应战者则易受制于人。简而言之，在数字经济时代，谁能迅速掌握主动权，谁就能获得更多的发展机会。

当数字化转型从"必要"升级为"必须"，成为全球每家企业的"生存之战"时，"速度"便显得至关重要。

一方面，反应速度要快。在数字经济时代，一切都在经历颠覆性变革。商业逻辑在转变，市场迎来大变局，传统业务模式逐渐变得"不合时宜"。企业必须敏锐地捕捉到新时代的"变"与"不变"，才能抓住新机遇，描绘新蓝图。另一方面，行动速度要快。如今，数字化转型已成为普遍共识。企业的行动速度越快，就越有利于在市场竞争中占据优势。

然而，所有追求速度的反应和行动都建立在数字化思维上。企业的数字化思维是基于数字经济时代特征的全新思维模式，是企业面向数字未来的顶层设计能力和数字战略执行能力的基础。

第二，发力要"准"

尽管企业纷纷积极投身数字化转型，但一个不容忽视的事实是，许多企业在数字化转型中普遍面临"不会转""不能转""不敢转"的难题。

企业的数字化转型并非简单的新技术应用，而是一个涉及数据、技术、流程、组织等多个方面的复杂系统工程。这意味着企业在进行数字化转型时要"量体裁衣"。由于不同企业的发展战略、商业模式、盈利思路、制约因素、自身需求和资金实力各不相同，因此，企业必须根据实际情况设计数字化转型方案。

第三，动作要"狠"

当前，中小微企业在数字化转型的过程中普遍面临软硬件底气不足的问题。具体表现为企业内部基础配套能力不足、创新能力整体偏弱、运营管理效率低等；企业外部则面临着产业链协同难、融资通道难寻、生存环境持续恶化等挑战。

数字化转型的道路上总是阻力重重。然而，数字经济时代的"洗牌"已经开始，企业别无选择，只能顺势而上，在数字化转型过程中，企业不仅要有正确的思维和姿态，更要在瞄准方向后，以"快、准、狠"的动作决胜于"数字江湖"。

第二章

产业变革:
数字经济时代的创新路径

随着数字技术的发展，产业变革步伐日益加快，其影响逐步渗透到社会经济的各个层面。制造业通过引入自动化和智能化技术，实现了生产效率的提升；服务业则借助电子商务和在线平台的发展，创造了全新的消费模式和商业模式，给用户带来了更加便捷的消费体验。与此同时，新兴产业如雨后春笋般崭露头角，不仅重塑了传统产业格局，更成为推动全球经济增长的新引擎。

本章将深入分析产业变革的进程及其对社会经济的深远影响。通过回顾历史，探寻推动产业前进的关键驱动力；通过案例研究，揭示制造业数字化、服务业转型及新兴产业崛起背后的路径与逻辑。

在产业互联网时代，所有行业都值得"重新做一遍"。随着产业的变革，我们不仅见证了领先企业的成功转型与独角兽企业的迅速成长，还能够通过这些企业的实践，深入了解产业共同体的创新范式，以及在这一范式下，数字经济时代未来的发展趋势与应对挑战的策略，从而共同推动产业向更高水平迈进。

一 诞生：产业变革的关键驱动力

（一）技术创新重塑各行业的形态

技术创新是推动产业变革的核心。人工智能、大数据和云计算等技术是推动产业创新的关键技术，它们的发展和融合正在重塑各行各业的运作方式，提高生产效率，创造新的商业模式和市场机会，为产业创新注入活力。例如，在制造业，智能工厂、柔性生产线等概念逐渐落地，实现了生产过程的自动化、智能化，大幅提高了生产效率和产品质量。在服务业，基于大数据和人工智能的个性化推荐、智能客服等应用，给用户带来了更加贴心、高效的服务。在金融、医疗、教育等传统行业，技术创新也在推动着服务模式的创新与升级，如数字货币、远程医疗、在线教育等新业态的兴起。

人工智能推动产业创新

人工智能通过模拟和扩展人类的认知能力，正在深刻改变产品设计、制造、服务和运营的各个方面。机器学习、自然语言处理和计算机视觉等的应用，使机器能够处理和分析海量数据，从而显著提高决策的效率和准确性。在制造业，人工智能发挥着举足轻重的作用，它能够优化生产流程，提高自动化水平，实现精准制造和严格的质量控制。利用人工智能算法，生产线可以实时调整参数，减少资源浪费，提高生产效率。在服务业，人工智能的应用同样广泛且深入。例如，智能客服系统能够自动回复问题，提供"7×24"小时服务，大幅提升用户满意度；推荐系统则通过分析用户行为，为用户提供个性化的产品和服务，有效提升了运营效率。

大数据促进产业创新

大数据技术为企业提供了数据收集、存储和分析能力，使企业能够更精准地理解业务和市场趋势。通过大数据分析，企业可以更加精准地理解用户需求，优化产品设计，预测市场变化，并实现个性化营销和精准决策。例如，在零售业，大数据分析可以帮助企业了解用户的购买偏好，从而制定更加精准的营销策略。同时，大数据还能够与人工智能技术紧密结合，形成智能化的决策支持系统。这种系统能够在医疗、交通、城市管理等领域发挥重要作用，推动智慧城市、智慧医疗、智慧交通等高质量发展。

云计算加速产业创新

云计算为企业提供了按需访问计算资源的能力，无须大量前期投资即可获得强大的计算能力，这种灵活性和可扩展性降低了创新的门槛和风险。云计算促进了数据共享和远程协作，加强了供应链管理，提升了企业的市场适应能力。例如，云计算可以让企业快速部署新的应用程序或服务，而不需要担心基础设施的限制。此外，云计算还为企业提供了更加安全、可靠的数据存储和备份解决方案，确保业务的连续性和数据的完整性。

人工智能、大数据和云计算的融合正在形成一个强大的技术生态系统，推动产业创新向更深层次发展。这些技术的融合不仅促进了新产品和新服务的开发，还催生了新的商业模式，如基于订阅的服务、平台经济和共享经济等。同时，这些技术也在推动传统产业的数字化转型，通过提高效率和降低成本，提升了企业的竞争力和市场地位。

（二）全球化加速产业链的重构

全球化是一股不可阻挡的力量，正在重塑世界经济格局。随着贸易壁垒的打破，跨国投资的增加，企业得以跨越国界，寻求更多优化资源配置和提升生产效率的机会。

全球化作为一个多维度发展的过程，对产业链的重构和市场的扩展产生了深远的影响。其中，产业链的重构成为全球化进程中的关键一环。

产业链的重构见表2-1。

表 2-1　产业链的重构

方式	内容
全球布局的优化	全球化促使企业寻求全球范围内最优的生产布局，以实现成本最小化和效率最大化。企业根据自身产品的特性和各地区的优势，将不同的生产环节分布到全球不同地区，从而形成复杂的全球价值链
技术和知识的传播	全球化加速了技术的传播和知识的流动，使各国能够更快地获取和吸收先进技术和管理经验，推动了产业链的升级和转型，这有助于企业提高生产效率和产品质量，降低生产成本
供应链的多元化	面对全球化带来的不确定性，企业开始重视供应链的多元化和韧性，以减少对单一市场的依赖，增强抵御风险的能力，这有助于企业在面临市场波动时保持稳定发展
产业政策的调整	全球化背景下，各国政府调整产业政策，通过提供税收优惠、资金支持等措施，吸引外资，促进本国产业链的发展和重构，提升本国产业的竞争力和创新能力

市场的扩展表现为市场机会的增加、用户需求的多样化、竞争格局的变化，以及合作与联盟的形成等，详见表2-2。

表 2-2　市场的扩展

表现	内容
市场机会的增加	全球化为企业提供了更广阔的市场空间，企业可以通过出口和跨国投资进入新的市场，实现收入的增长和市场份额的扩大，这有助于提高企业的盈利能力和市场地位
用户需求的多样化	全球化使企业能够更直接地了解和满足不同地区用户的需求，推动产品和服务的多样化和个性化，这有助于提升企业的市场竞争力和用户满意度
竞争格局的变化	全球化加剧了市场竞争，企业不仅要与本国企业竞争，还要面对国际竞争，这促使企业不断提升自身的竞争力和创新能力，从而提升整个行业的竞争力和发展水平
合作与联盟的形成	全球化促进了跨国企业之间的合作与联盟，企业通过资源共享、技术合作等方式，共同开拓国际市场，实现互利共赢，推动全球经济繁荣发展

在全球化浪潮中，产业链的重构不仅是一个经济现象，更是一个时代变革的缩影。它象征着资源的跨国流动、技术的无界传播，以及创新力量的全球汇聚。这一进程虽然充满挑战和不确定性，但也孕育着无限的可能和机遇。对每一家参与其中的企业来说，这既是一场考验，也是一次蜕变的契机。只有那些能够顺应时代潮流，勇于创新和变革的企业，才能在这场全球化背景下的产业链重构中屹立不倒。因此，企业需要不断提升自身的核心竞争力，以适应产业链重构带来的变化和挑战。

（三）政策与法律法规为产业变革提供新的框架

在全球化加速产业链重构的背景下，政策与法律法规的制定和实施发挥着重要作用。它们不仅为产业变革提供了必要的指导和规范，还为企业创新和发展构建了新的框架和环境。

政策与法律法规的出台，通常旨在引导产业向更加高效、绿色、可持续的方向发展。例如，为了推动新能源汽车产业的发展，政府出台了一系列扶持政策，包括财政补贴、税收优惠、充电设施建设等。可以说，政府在引导和促进产业数字化转型方面发挥着至关重要的作用，详见表2-3。

表2-3　政府引导和促进产业数字化转型的措施

措施	具体内容
顶层设计与战略规划	政府制定和实施数字经济相关的顶层设计和战略规划，为产业数字化转型提供明确的方向和目标。例如，《"十四五"数字经济发展规划》中明确了数字经济发展的总体要求、基本原则和重点任务，强调了数字技术与实体经济深度融合的重要性
政策支持与资金投入	政府通过提供财政补贴、税收优惠、资金支持等措施，降低了企业数字化转型的成本和风险。例如，政府可以为中小企业提供数字化转型的财政支持，帮助它们克服技术和资金的困难
技术创新与研发投入	政府鼓励和支持关键数字技术的研发和创新，例如人工智能、大数据、云计算等，这些技术是推动产业数字化的核心动力。政府加大研发投入，可以加速技术的成熟和应用
法规制定与市场监管	政府制定相关法律法规，可为数字经济的发展提供法治保障，同时加强市场监管，可确保数字经济的健康有序发展。例如，我国政府在《中华人民共和国网络安全法》《中华人民共和国电子商务法》等法律法规的基础上，不断完善数字经济法律体系
人才培养与技能提升	政府通过教育和培训项目，为产业数字化转型提供人才支持，包括在学校教育中强化信息技术教学，以及为在职人员提供数字技能培训等
试点示范与推广应用	政府设立试点项目和示范区，推动数字技术的应用，再推广成功经验，帮助其他企业降低数字化转型过程中的不确定性和风险

续表

措施	具体内容
国际合作与交流	政府通过参与国际合作与交流，引进国外的先进技术和管理经验，促进本国产业数字化转型；同时，也有助于本国企业拓展国际市场，提升国际竞争力

二 重构：产业变革的路径初探

产业变革是指在一定的历史条件下，技术进步、市场需求变化、资源条件变动等因素引起的产业结构、产业组织形态、产业关联方式及产业政策等方面的根本性变化。本节以制造业和服务业为例简要剖析其变革路径。

（一）制造业的数字化

智能制造和"工业4.0"是当今制造业数字化转型的两个核心概念，它们代表了制造业在技术和生产方式上的变革。这些变革正在深刻地改变着传统制造业的运作模式、生产效率、产品质量和企业的竞争力。

智能制造的特点包括引入自动化设备和机器人技术、数据驱动的决策、引入物联网技术与定制化生产等，详见表2-4。

表2-4 智能制造的特点

特点	具体内容
引入自动化设备和机器人技术	通过引入自动化设备、减少人工操作，企业能够提高生产效率。机器人能够执行重复性高、危险性高及精密度高的操作任务，从而提升生产线的灵活性和响应速度

续表

特点	具体内容
数据驱动的决策	通过收集和分析生产过程中产生的大量数据，企业能够更好地理解生产流程，实现实时监控和优化资源配置。数据分析可帮助企业预测设备故障、优化库存管理、减少资源浪费，以及制订更加精准的生产计划
引入物联网技术	物联网技术使设备和系统能够相互通信，实现信息的实时共享。这不仅提高了生产过程的透明度，还使远程监控和维护成为可能，降低了运营成本
定制化生产	智能制造使生产过程更加灵活，能够快速适应市场变化和个性化需求。通过模块化设计和灵活的生产系统，企业能够提供更多定制化产品，满足用户的个性化需求

"工业4.0"具有集成化、智能化、网络化，以及灵活性和可持续性等特点，详见表2-5。

表 2-5 "工业 4.0" 的特点

特点	具体内容
集成化	"工业 4.0"强调不同生产环节和系统之间的高度集成，包括设备、生产线、仓库管理等。集成化不仅提高了生产效率，还增强了生产系统的整体性和协同性
智能化	"工业 4.0"追求生产过程的智能化，通过人工智能和机器学习等技术，设备能够自主学习和优化操作。智能化的生产线能够自动调整生产参数，以适应不同的产品和生产条件
网络化	"工业 4.0"通过网络技术，实现设备、人员、供应链和市场的全面连接。网络化不仅提高了信息流通效率，还促进了跨地域、跨行业的合作
灵活性和可持续性	"工业 4.0"注重生产系统的灵活性和可持续性，通过优化资源配置，企业不仅能够快速适应市场变化，还能够实现环境友好的生产方式

智能制造和"工业4.0"对传统制造业的影响主要体现在生产效率的提

高、成本结构的变化、供应链管理的革新、劳动力结构的转变，以及市场竞争格局的变化等方面，详见表2-6。

表2-6　智能制造和"工业4.0"对传统制造业的影响

影响	具体内容
生产效率的提高	通过自动化和智能化技术，传统制造业的生产效率得到显著提高，同时减少了人为失误，降低了生产成本
成本结构的变化	虽然初期投资可能较高，但从长期来看，智能制造和"工业4.0"能够降低运营成本，减少材料浪费，提高资源利用率
供应链管理的革新	智能制造和"工业4.0"使供应链管理更加透明和高效，企业能够更加精确地预测用户需求，减少库存积压，提高响应速度
劳动力结构的转变	生产自动化程度的提升对高技能工程师和数据分析师的需求逐渐增加
市场竞争格局的变化	智能制造和"工业4.0"使企业能够更快地创新产品，满足市场和用户的个性化需求，从而在市场竞争中脱颖而出

总之，智能制造和"工业4.0"正在引领传统制造业向更加高效、灵活和可持续的方向发展，这些变革不仅对企业产生深远影响，也将重塑整个制造业的生态系统。

（二）服务业的转型

服务业的转型是数字经济时代最显著的特征之一，其中，电子商务、在线教育和远程医疗等领域的变革尤为突出。这些变革不仅改变了服务方式，还极大地影响了用户的消费习惯和企业的运营模式。

电子商务的变革

电子商务的变革有重塑用户购物体验、优化供应链、促进跨境贸易，以及线上线下融合等，详见表2-7。

表 2-7　电子商务的变革

变革	具体内容
重塑用户购物体验	电子商务通过搭建24小时运行的购物平台，给用户提供了极大的便利。用户可以随时随地浏览和购买商品，享受个性化推荐、一键购买等便捷服务
优化供应链	通过大数据技术，企业可以更准确地预测市场需求，优化库存管理，减少过剩或缺货的情况。同时，无人机配送、智能物流等能够提高配送效率和服务质量
促进跨境贸易	电子商务打破了地理界限，使企业能够进入国际市场，用户也能够买到全球各地的产品
线上线下融合	传统零售业通过线上线下融合的模式提供更丰富的购物体验和增值服务

在线教育的变革

在线教育的变革有教育资源的普及、学习方式的多样化、教育技术的创新，以及支持终身学习等，详见表2-8。

表 2-8　在线教育的变革

变革	具体内容
教育资源的普及	在线教育使优质的教育资源得以广泛传播，不受地域限制。学生可以通过网络平台接触到来自世界各地的教师和课程资源，实现个性化学习
学习方式的多样化	在线教育提供了多种学习方式，如视频课程、互动直播、在线开放课程等，满足了不同学习者的需求

续表

变革	具体内容
教育技术的创新	通过应用人工智能、虚拟现实等技术，在线教育提供了更加生动和互动的学习体验。例如，提供个性化辅导、模拟实验环境等
支持终身学习	在线教育平台为职业发展和终身学习提供了便利，使人们可以根据自己和兴趣进行学习，不断提升自己的技能和知识

远程医疗的变革

远程医疗的变革有医疗服务的可及性、医疗资源的优化配置、健康管理的个性化，以及医疗数据的利用等，详见表2-9。

表 2-9　远程医疗的变革

变革	具体内容
医疗服务的可及性	远程医疗使患者可以在家中接受专业医生的问诊和治疗，特别是对于居住在偏远地区或行动不便的患者，极大地提高了医疗服务的可及性
医疗资源的优化配置	通过远程医疗，医疗资源可以更加高效地分配和利用。医生可以通过远程会诊为基层医疗机构提供支持，从而缓解医疗资源分布不均的问题
健康管理的个性化	远程医疗结合可穿戴设备和健康数据分析，可以实现对患者健康状况的实时监测和个性化管理，促进预防医学和健康管理的发展
医疗数据的利用	远程医疗的推广使医疗数据的收集和分析变得更加容易，有助于开展医学研究和疾病预防等工作

总体来说，通过应用数字技术，服务业不仅提高了服务效率和服务质量，还创造了新服务模式、提供了新消费体验。这些变革正在推动服务业向更加智能化、个性化和便捷化的方向发展。

（三）新兴产业的崛起

除了制造业和服务业，还有很多新兴产业正在迅速崛起，并引领全球经济结构转型和升级。例如，共享经济、绿色能源和生物科技等领域的发展不仅推动了技术创新，也为实现可持续发展和提高生活质量提供了新的动力。

共享经济领域

在共享经济领域，利用互联网等新一代信息技术，大量的闲置资源得以高效利用，满足了人们多样化的需求。根据国家信息中心发布的《中国共享经济发展报告（2023）》，2022年我国共享经济市场交易规模约为38320亿元，同比增长约3.9%，市场规模持续扩大。这表明，共享经济在我国发挥着增强经济发展韧性和稳岗稳就业方面的积极作用，尤其在生活服务和共享医疗领域，市场规模同比分别增长8.4%和8.2%。共享经济的发展还将重塑市场格局、提升平台企业合规水平，以及促进治理规则和制度规范的完善。

绿色能源领域

绿色能源作为应对气候变化和能源安全的重要途径，正在全球范围内快速发展。生物质发电、生物燃料等绿色能源技术的研发和应用，推动化石能源向绿色低碳可再生能源转型。我国在《"十四五"现代能源体系规划》中阐明了我国能源发展方针、主要目标和任务举措。

生物科技领域

生物科技的发展为人类提供了保障生命健康、粮食安全等重大挑战的新方案。生物医药、生物育种、生物材料等产业的快速发展，不仅推动了经济的高质量发展，也满足了人民对美好生活的向往。我国在《"十四五"生物经济发展规划》中提出了生物经济发展的总体要求、重点领域和阶段目标，旨在推动生物科技赋能经济社会发展，加强国家生物安全风险防控和治理体系建设。

总体来看，新兴产业的发展不仅推动了经济增长和技术创新，也为社会的可持续发展和人民生活水平的提高做出了重要贡献。随着政策的支持和市场需求的持续增长，新兴产业有望在未来展现出强劲的发展势头。新兴产业的发展趋势主要体现在技术进步与创新的加速、信息技术的广泛应用，以及数字经济的兴起这3个方面，详见表2-10。

表 2-10 新兴产业的发展趋势

趋势	具体内容
技术进步与创新的加速	从第一次工业革命到现在，技术发展呈现出加速的趋势。每一次工业革命都伴随新的科学理论和生产工具的出现，推动社会生产力的飞跃
信息技术的广泛应用	数字经济时代的核心技术是信息技术，包括智能终端、中央信息处理功能和互联网的升级。这些技术的发展和应用极大地改变了人们的生活方式和社会运行模式
数字经济的兴起	随着互联网技术的发展，数字经济成为推动全球经济增长的新引擎。包括我国在内的一些国家在数字经济领域取得了显著成就，并探索形成独特的发展模式

此外，产业变革对未来社会经济的影响表现在产业结构的调整、劳动力市场的变化、社会参与和治理模式的变革、国际竞争格局的重塑，以及教育和人才培养的挑战等，详见表2-11。

表 2-11　产业变革对未来社会经济的影响

影响	具体内容
产业结构的调整	新一轮科技革命和产业变革将使产业结构发生重大调整，新兴产业将不断涌现，传统产业将面临转型升级的压力
劳动力市场的变化	技术进步将改变劳动力市场的需求结构，对高技能劳动力的需求将增加，同时可能加剧劳动力市场的分化
社会参与和治理模式的变革	网络极大方便了个人参与社会事务，社会动员和参与方式发生改变。但数据的滥用和隐私保护成为新的社会治理挑战
国际竞争格局的重塑	在新一轮科技革命和产业变革中，各国都在争夺科技和产业的制高点，这将重塑国际竞争格局，对全球经济结构产生深远影响
教育和人才培养的挑战	面对快速变化的科技和产业变革，教育系统需要及时调整，以培养能够适应未来社会和劳动市场需求的人才

数字经济时代的产业变革是一个持续的过程，将不断地给经济社会带来深远影响。而这将要求各国政府、企业和个人不断适应和应对新的挑战，确保这些变化能够带来积极的社会效益和经济效益，并实现可持续发展。

三　变革：从产业互联网到产业共同体

未来10年，企业可能会面临一个核心议题：如何借助数字化力量，重新定义并革新自身的业务模式与行为方式。

过去10年是消费互联网的时代。这个时代呈现出两大显著特征：一是信息传播方式从传统纸媒向线上平台转变；二是分销渠道中电子商务的迅速崛起，其跨产业占比已达到25%，并且这一比例仍在持续上升。电子商务的发展并未止步于此，它进一步分化出内容电子商务、短视频电子商务、社交电子商务等新形态。那么，未来10年，我们又将见证怎样的产业变革呢？

（一）产业互联网时代，所有行业都值得"重新做一遍"

产业互联网并非一朵转瞬即逝的浪花，而是汹涌澎湃的时代洪流。随着物联网、人工智能等技术的不断突破，全场景（线上线下深度融合）、全链路的数字化、互联化和智能化将全面渗透物流、制造、研发和售后服务等领域，每个行业都有可能迎来颠覆性变革。无论是供应链、制造还是服务领域，都将经历一场深刻的重塑，而这个全新的时代，被我们称为"产业互联网"时代。以营销为例，传统互联网时代的营销方式往往通过分发线上优惠券将用户引流至线下，但这种方式可能会导致补贴竞争的出现，并未创造真正的增值。而产业互联网将带来一次体验上的重构，从单纯的线上引流延伸至为用户提供个性化的产品和服务。

而专注于本地生活的应用程序（App），将不再局限于流量运营，它们还能全面赋能餐饮门店进行食材供应链和用户管理，提升运营管理效率，让用户享受到更加满意的美食。

产业互联网的基础是数字化，而数字化的核心在于实现可视化、可量化和可优化。通过数字化，企业可以实时监控生产过程、供应链状态和设备运行情况，利用数据可视化屏幕可以直观展示关键指标和业务趋势，使管理更透明和更高效。同时，数字技术能够收集并分析大量数据，提供精确的绩效评估，帮助企业识别瓶颈和低效环节，优化流程，提升整体运营效率。此外，通过量化的数据和智能算法，企业可以进行预测性分析和科学决策，持续改进业务流程，适应市场变化。

例如，在观察需求侧的用户消费过程时，管理者可以细致地审视由了解、认知、接触、互动、交易、反馈、复购、共创构成的闭环中的每一个环节。如果有35%的用户能够从认知阶段转化至交易阶段，那么企业就可以基于同行业数据评估这一数字的高低，从而更科学地设定关键绩效指标。可视化使管理者在审视供给侧和需求侧时，能够将一个完整的流程细分成不同的环节，并深入极其细微的场景中，让每一个细节都被放大并被仔细审视。

未来，精益化管理与数字技术的深度融合，将使员工的每一项行为都被精准地记录在数字化中台上。管理者可实时掌握员工每天、每小时的工作动态，企业管理也从对部门的宏观管理，逐渐细化到对团队乃至对个人的微观管理，实现对员工工作表现的即时反馈与调整。这预示着，微粒化管理的时代正加速走来。

当机器能够进行深入的数字化微粒分析时，人类的思维若要与机器保持差异化，就必须进行一次全面的升华，这包括个人认知的升华、战略眼光的提升，以及企业文化的重塑。我们需要借助一个全新的框架来重新审视和重塑我们的行业，我们称这个框架为"VSOT"，"VSOT"的含义如图2-1所示。

在使命、愿景和价值观上，我们需要思考未来行业将如何演变，以及我们能为谁带来价值；在战略业务上，我们要审视现有的商业模式是否可持续，因为非数据驱动的业务在未来将面临严峻的挑战；在组织人力上，我们要考虑如何孵化创新，如何构建一个既敏捷又协同的双元组织；在技术实现上，我们要明确技术路径，并思考如何让业务与技术同步发展。

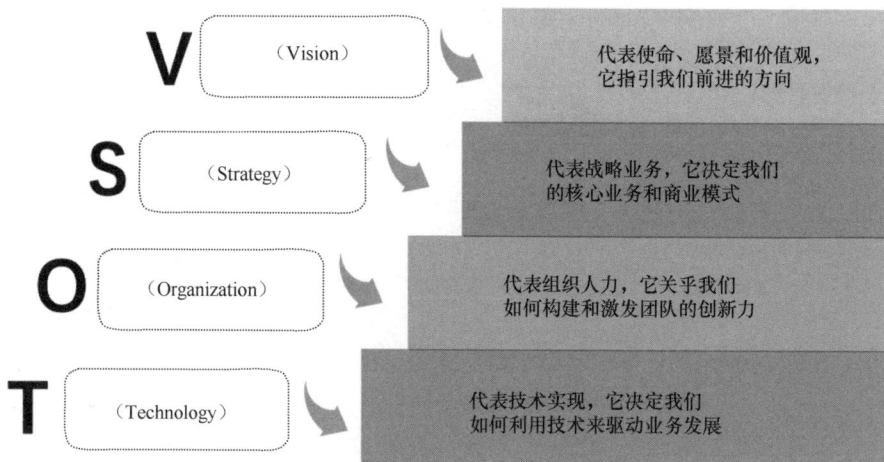

图 2-1 "VSOT"的含义

站在数字化转型的路口，我们需要回归原点，重新评估业务，并向自己提出5个核心问题。

- 我们为谁创造价值？

- 我们共同的事业是什么？

- 我们选择哪个细分场景作为切入点？

- 我们如何设计与生态伙伴的协同工作机制与流程？

- 我们规模化发展的关键点是什么？

企业管理者需要具备两大核心能力：一是学习能力，能够迅速跟上知识的迭代速度；二是变革能力，即使在企业健康发展时也要有变革的动力和决心。众所周知，自我革新是一个巨大的挑战，但如果没有前瞻性，企业的发展将失去一切可能性。

（二）"产业互联网+"将催生出更多独角兽企业

互联网的兴起极大地加速了商业变革，使企业从创立成长为超大型企业的时间大幅缩短。独角兽企业一般指成立时间不超过10年、估值超过10亿美元的未上市创业公司。这些公司最初主要集中在软件行业，但现在已经逐渐扩展到其他领域。

近年来，我国独角兽企业的发展势头强劲。在经济增速放缓的背景下，独角兽企业成为推动我国新经济增长的关键力量，在产业技术革新、新业态发展、新模式升级，以及经济结构调整等方面发挥了重要作用。

随着"产业互联网+"的发展，未来将有更多独角兽企业涌现。与侧重于用户市场的消费互联网不同，产业互联网更注重产业链中的多方协作和共赢，它通过数字技术促进产业各要素和各环节的数字化和网络化，进而实现业务流程和生产方式的根本性变革，最终形成一个全新的产业协作、资源配置和价值创造体系。

产业互联网的价值链更复杂且链条更长，其盈利模式在于为产业创造价值、提高效率、节省开支，而依赖规模经济或增值业务。

2024年6月，胡润研究院发布的《2024全球独角兽榜》显示，字节跳动以1.56万亿元人民币的估值成为全球估值最高的独角兽企业。

美国以拥有703家独角兽企业位居第一，比2023年增加了37家；而中国则以拥有340家独角兽企业紧随其后，比2023年增加了24家。在中国，北京拥有78家独角兽企业，上海有65家，深圳有34家，而广州和杭州则分别有24家。

在当前的全球独角兽企业排行榜中，金融科技、软件服务和人工智能是三大主要领域，这些领域中的独角兽企业数量占据全球独角兽企业总数的三分之一。独角兽企业给金融服务、企业管理解决方案、医疗健康和零售等领域带来了颠覆性的创新和变革。

从各国独角兽企业的领域分布来看，美国的独角兽企业主要集中在软件服务、金融科技和人工智能这三大领域。而中国则在人工智能、半导体和新能源领域表现突出，尤其是人工智能领域，中国的独角兽企业数量位居全球第一，展现出中国在该领域的强大实力和创新能力。世界其他地区的独角兽企业主要分布在金融科技和电子商务领域。

产业互联网的发展犹如一道道精心烹制的"小锅菜"，它深入不同行业、不同领域，为各产业带来独特的变革与机遇。而打通产业创新链条，则成为培育独角兽企业的关键。

为了创造独角兽企业良性发展的外部环境与内在机制，我们需要从两个方面着手。一方面，强化资本市场对科技创新的支持作用。独角兽企业的发展离不开资本市场的有力支持和紧密配合，如果说资本市场是股权投资的战场，独角兽企业是科创企业的主力军，那么私募基金、风险投资基金就是市场化选择独角兽的啄木鸟，它们在金融服务科创经济中扮演着关键角色，是培育独角兽企业的催化剂。另一方面，完善高层次科技人才创新的相关机制，推动科学技术转移机构的建设与完善。通过体制配套、创新激励等措施，可以有效提高科技成果转化率，为独角兽企业提供强有力的技术支持。

第三章

拥抱变化：
从数字化到数智化的跃迁

如今，我们正站在一个历史节点上，数字化浪潮正以前所未有的速度和广度席卷全球，深刻影响着每一个行业、每一个企业乃至每一个人的生活。在这场波澜壮阔的变革中，积极向数字化转型已经成为所有企业的必然选择。

本章将深入探讨企业如何在数字化进程中寻找破局之道，揭示数字化对商业逻辑的重构，并引导我们回归"第一性原理"，重新审视和思考企业的核心价值与存在意义。本章还将分析企业数字化转型的趋势，理解为何这是企业发展的必由之路，并聚焦如何让每个企业都具备自主建设数字未来的能力，探讨技术如何驱动商业新生态崛起，同时，回归"科技赋能美好生活"的底层逻辑，为企业数字化转型的顶层设计提供指导。

一 破局：企业数字化转型的变与不变

（一）对企业而言，唯一不变的是变革本身

企业在数字化转型的过程中，既有颠覆性的变革，也有核心价值的坚守。这种转变不仅为企业把握未来趋势提供了思路，也是实现可持续发展的关键。

数字化已成为企业转型升级的关键路径，这一深刻领悟源于众多企业因忽视数字化而走向衰败的教训。

柯达是诞生于1880年的影像业头部企业，曾是胶卷时代的开创者和全球最大的影像产品供应商之一。21世纪初，在数码技术的迅猛冲击下，柯达未能及时转型，最终于2012年申请破产保护。尽管柯达管理层早在1998年就已感受到传统胶卷业务的萎缩，但他们未能预见数码技术带来的根本性变革，因此迟迟没有大力发展数码业务，更未及时进行战略调整。

相比之下，富士则迅速转型，产品数字化率高达60%。直到2003年，柯达逐渐将重心转向数码业务，但为时已晚。尽管柯达随后推出了多款数码相机并收购了数字技术公司，但这些努力已无法挽回其业务萎缩的颓势。

柯达的案例警示我们：如果企业不主动进行自我改革，就会被他人颠覆。事实上，不仅是柯达，诺基亚、黑莓等企业也因未能及时拥抱数字化转型而黯然退场。在这个日新月异的时代，企业要么在故步自封中消亡，要么与时俱进、抓住机遇并迅速转型。

如今，物联网、云计算、大数据、数字孪生等技术正重塑所有行业。企业必须积极适应变化，把握数字化转型的机遇，避免被市场淘汰。

随着数字化进程的深入，未来企业的面貌将焕然一新，其行业归属、业务范围和规模大小，都将融入数字化浪潮。在数字经济时代，未能完成数字化转型的企业将面临生存困境。

这一变革的根源在于数字化对商业逻辑的重塑。在探讨数字化如何重塑商业逻辑之前，我们需要先了解信息化与数字化这两个概念的区别。简单来说，信息化和数字化虽有联系，但本质不同。

信息化是将物理世界的信息迁移至数字世界，通过信息系统，例如办公自动化（OA）、企业资源计划（ERP）、客户关系管理（CRM）等对业务流程进行优化、固化、自动化，并提供决策支持。它并不改变现实业务的本质逻辑，但是提高了效率，而数据只是这一过程中的副产品。

数字化则利用云计算、大数据、物联网、人工智能等技术，构建一个全感知、全连接、全场景、全智能的数字世界。它不仅实现了对物理世界的精准映射，优化了业务流程，还对管理模式、业务模式、商业模式进行全面革新。数据是这一过程中的核心要素。

数字化转型的核心是业务问题，而非简单的信息技术问题。企业需要的是数字化，而非仅仅停留在信息化层面。数字化之所以能够取代信息化，是因为信息化只是赋能的工具，而数字化则是将数字资产共享，企业的核心资产经过数字化后可以实现共享与开放，形成新的价值流通网络。

数字化改变了企业与用户的关系

尽管"用户至上"的理念已深入人心，但在信息不对称的背景下，企业往往通过品牌塑造与广告宣传占据主导地位，左右用户的选择。数字经济时代，信息变得高度透明，一个差评就可能让企业巨资投放的广告付诸东流，让多年经营的品牌形象瞬间崩塌。因此，"以用户为中心"的理念尤为重要。

数字化使商业活动摆脱了对渠道的依赖

在数字经济时代之前，商业活动对渠道有着高度的依赖。然而，数字化使商业活动可以在数字世界中进行，企业之间的竞争也由争夺渠道转变为争夺用户的时间。

数字化促进了企业生态化运营

在数字经济时代，人与人、人与产品、产品与产品之间的连接方式发生了根本性变革。以智能插座为例，它不仅可以为电器供电，还可以与其他设备互联互通，用户只需要通过App，就可以控制家中电器。这种互联互通的生态使企业在提供产品的同时，也构建着自己的生态系统。小米、华为等企业正是通过这种方式，加强了产业链上下游的合作。

未来的商业竞争将更加激烈，弱者越来越弱，而强者则越来越强。通过数字化转型，企业发展可以上升到更高的维度，并在市场竞争中保持优势。

在第二次工业革命爆发之前，人们无法想象电力技术的应用将给世界带来怎样的改变。在信息革命爆发之前，人们也无法理解计算机、互联网将如何深刻地影响人类社会。如今，数字化的潜能同样远远超出我们的想象，它所带来的变化也必将超出我们的预期。把握数字化带来的机遇、加速数字化转型、捕获新的市场机遇、尝试新的商业模式并在不断变化的市场环境中保持竞争力，是企业通往可持续发展的必由之路。

（二）数字化对商业逻辑的重构：回归"第一性原理"

◉ 什么是"第一性原理"

"第一性原理"这一概念源自古希腊哲学家亚里士多德，强调**每个系统中存在一个最基本的命题，它不能被违背或删除。**

颇为有趣的是，这一思想在现代因埃隆·马斯克的广泛影响力被大众所熟知。这位在多个创新领域实现突破的"颠覆者"，将他的成功归功于对"第一性原理"的深刻理解和应用。在他的诠释下，"第一性原理"被赋予了新的内涵：**回归事情的本质，并从源头处着手解决问题。**

面对当前云计算、大数据、人工智能、5G、区块链等技术带来的数字化挑战，企业需要保持清晰的思路，坚守业务的本质。这意味着在考虑采用哪种技术时，企业应从业务的实际出发，而非被新概念迷惑。

◉ 运用"第一性原理"解决数字化转型过程中的问题

数字化转型是一项复杂的系统工程，涉及思维、文化、组织结构、制度、绩效评估和行为模式等多个方面的全面革新。

当一个定理诞生时，随之而来的是新的测试、研究和衡量方法，用以验证其正确性。然而，科学方法论告诉我们，科学不能被证实，只能被证伪。同样地，在为用户提供服务时，我们也应批判地审视方案的有效性和适用性。如果一个方案能解决当前问题，但缺乏因地制宜、因时制宜的约束条件，那么这个方案的可靠性值得怀疑。

在这个快速变化的时代，越来越多的人发现，过往的经验并不总是可靠的。相反，每个人都有可能在某个时间或某个节点上成为领导者。因此，当我们掌握基本的思维逻辑和方法后，更应注重学习与实践的动态过程，实现知行合一，不断突破自我。

尽管现在我们频繁讨论数字化转型，但实际上可能尚未完全步入数字经济时代。当真正迈入数字经济时代时，我们将无须特别强调"数字化转型"这一过程，而是聚焦业务本身，以及满足人类最基本的需求，如衣食住行。正如今天人们不会特意介绍墙上的电源插座一样。未来的技术名词也将变得平常，成为改善日常生活的自然组成部分，而非仅仅是话题中的焦点。

企业最终的目标是让数字技术成为业务的一部分，就像现在人们不再炫耀自己正在用电一样，也不再谈论任何技术词汇、数字化转型。

技术的本质在于满足人类的物质与精神需求。我们可以用四方格来表示：横轴是新瓶、旧瓶，代表技术概念；纵轴是新酒、旧酒，代表技术的价值实质。这样形成4个象限和几种可能的情况。

其中，"旧瓶装旧酒"容易识别，而"新瓶装旧酒"则较难识别。真正有实力的企业能兼顾工程的实用性与技术的先进性，更关注高效率的实现而不是总追求最先进的技术，这可被称为"旧瓶装新酒"。

当然，"新瓶装新酒"也是不错的选择，用户付出了高价买到了好东西。在数字化转型的时代，企业应努力避免"新瓶装旧酒"，然后逐步进步到"新瓶装新酒"，并最终提升到"旧瓶装新酒"的境界。这时，我们就能与同量级的企业在成本和效率上进行竞争，实现可持续发展。

二 明势：数字化转型是企业发展必由之路

（一）企业数字化转型的五大趋势

根据世界大型企业联合会对全球1247名高管和其所在企业的调查，经济衰退被视为2024年首要的外部威胁。然而，高盛集团则预测了一个经济超级周期的到来，其中人工智能和脱碳被视为推动这一周期的关键因素。此外，数字化转型的趋势将聚焦于四大核心要素：人工智能的深入应用、成本控制的严格执行、交付方式的创新改进，以及对变革管理的更高承诺。

在这一背景下，结合前文描述，我们可以初步判断在未来的几年里，数字化转型将呈现以下五大发展趋势。

趋势1：人工智能是转型的核心驱动力

自2024年以来，众多企业已开始尝试使用生成式人工智能，并扩大了机器学习的应用范围。这一趋势预计在未来持续发展，但重点将转向在企业范围内全面扩展人工智能的应用。例如，很多企业期望通过人工智能提升生产力、优化用户体验，并提升决策质量。首席信息官和首席技术官的关键任务将是探索如何将人工智能有效地融入数字化转型项目中，以实现企业共同的目标。

在用户体验方面，这种融合的效果将尤为显著。生成式人工智能有望为用户提供更快、更优质的答案，从而提升用户满意度。因此，任何用户体验数字化转型工作都必须考虑使用人工智能技术，无论是其作为独立的聊天机器人，还是作为面向用户的员工虚拟助手。同时，生成式人工智能还可能对涉及流程自动化或开发人员生产力的转型项目产生深远影响。

趋势2：节约成本是数字化转型的永恒核心

数字化转型往往被视为推动前瞻性创收计划的重要途径，例如推出创新的数字产品和服务。然而，在当前充满挑战的经济环境下，企业的关注点已逐渐转向内部驱动因素。近年来，提升运营效率已成为企业数字化转型的首要目标，这一趋势预计在未来得以延续，并通过多种方式体现。

一方面，云应用和云服务作为数字化的关键工具需求激增。这一趋势将使首席信息官们积极寻找并消除冗余或未充分利用的资源。另一方面，企业对效率的关注将进一步推动流程自动化举措的发展，虽然传统自动化软件主要专注于对重复性流程的优化，但基于人工智能的最新工具已经能够解决更广泛的流程问题。这一发展使端到端的流程自动化成为可能，并提供了比离散任务自动化更多的成本节省机会。值得一提的是，数字化转型带来的成本削减潜力，不仅可以为企业释放更多的创新资金，还可能推动更广泛的人工智能部署和应用。

趋势3：数字化转型追求精简与高效

虽然数字化转型的根本目标是提升业务效率，但这一实践过程本身同样需要精简和优化。在当前充满不确定性的商业环境中，进展缓慢的项目可能在其产生成果之前就面临诸多威胁。因此，企业正在将数字化转型计划分解为更小、更易于管理的多个部分。在这一过程中，敏捷方法尤为重要，因为它促进了较小项目的快速迭代，而非大规模项目的冗长开发。

至关重要的是，更精简的项目能够带来更快的周转和财务回报。同时，这类项目还能更灵活地应对意外情况，例如破坏性竞争对手的突然出现或经济的急剧波动。鉴于业务前景的不确定性，以及预算的紧张状况，企业高管们将更倾向于选择那些能够尽早为企业产生实际成果的转型项目。

趋势4：平台化是加速数字化转型的新动力

随着企业面临的时间压力不断增大，技术平台在数字化转型中的作用日益凸显。企业应积极利用各种类型的平台来加速变革进程，技术平台在数字化转型中的作用见表3-1。

表 3-1　技术平台在数字化转型中的作用

技术平台	作用
行业云平台	云平台已成为众多企业数字化转型计划的核心平台，而面向垂直市场的行业云平台正逐渐崭露头角。这些平台专为满足大多数企业的行业特定需求而设计，旨在减少应用程序开发的工作并加速转型进程。据 Gartner Group[1] 预测，到 2027 年，将有超过 70% 的企业使用行业云平台，而这一比例在 2023 年仅为 15%
平台工程	这一方法围绕软件开发工具链和工作流程的通用平台展开。通过共享资源，组织的编码人员能够加速软件交付，从而推动数字化转型。Gartner Group 已将平台工程列为 2024 年十大战略技术趋势之一，认为平台工程、人工智能增强开发和行业云平台呈现相互关联的趋势，它们共同助力软件开发人员和非专业人士更高效地创建软件
基于 SaaS[2] 的平台	一些信息技术企业正围绕主要 SaaS 供应商及其合作伙伴生态系统推进数字化转型工作。与单独管理众多 SaaS 工具相比，这种平台策略具有简化操作和降低成本的优势。除了支持组织的云成本控制策略，SaaS 平台整合还能提高互操作性和数据集成能力。然而，这种策略也存在一定的供应商锁定风险，因此，企业需要在依赖少数供应商和投资众多供应商之间寻求平衡

1　Gartner Group 公司成立于 1979 年，是第一家信息技术研究和分析的公司。它为有需要的技术用户提供专门的服务。
2　SaaS（Software as a Service，软件即服务）。

趋势5：变革管理是数字化转型中不可或缺的一环

变革管理应当作为每个数字化转型计划的核心组成部分。然而，技术爱好者有时过于热衷使用新工具，而忽视了它们可能产生的深远影响。

在当前这个变革迅速且规模宏大的时代，数字化转型与变革管理之间的联系愈发紧密。以生成式人工智能为例，这一技术成为主流应用不久，就已经对员工的工作角色产生了显著影响。随着企业人工智能部署的不断扩充，工作场所中员工减少的趋势势必进一步增加。

值得注意的是，数字化转型所涉及的不仅仅是新兴技术的引入。工作流程和业务模式都可能发生深刻变革，面对颠覆性力量，企业必须不断改进自己的商业模式、业务模式，以适应这一前所未有的变革。

（二）从数字化到数智化

今天我们正经历着从"数字化"向"数智化"的深刻转变。然而，许多企业或许尚未意识要真正把握这一趋势，那么，"数字化"与"数智化"之间，仅仅一字之差，究竟蕴含着怎样的区别与深意？下面我们带领大家深入理解其背后的本质。

科大国创软件股份有限公司执行总经理李飞给出了这样的解释："数智化的核心在于，它基于海量的大数据，结合人工智能相关技术，打通了原本孤立的数据'端到端'，并结合具体场景来解决问题。数字化主要关注的是数据的采集与分析，而数智化则更多地聚焦于辅助决策。我们能否通过神经网络的学习，逐渐将人类的经验融入智能体中，从而实现智慧的传承与提升？"他认为，从数字化到数智化的演进，无论是从技术层面还是从产业层面来看，都代表着不断的升级与革新，为数字经济的未来发展注入了新的活力。简而言之，数智化可以被视为数字化与智能化的有机结合，是在数字化基础上提出的更高要求。

北京国双科技有限公司创始人祁国晟也对此持有相似观点。他认为："数字化转型的核心在于打破数据壁垒和统一数据口径，其本质就是要消除组织内部信息不对称的情况。"

那么，在这场变革中，谁是人工智能领域"低垂的果实"[1]？

2021年，华为中国区计算业务总裁常成分享了一组引人注目的数据：从2015—2025年，数字经济的占比预计提升15%～24%。更为显著的是，由人工智能计算带动全球GDP增长将达到12%。基于这样的增长趋势，我们可以合理推断，在2030年之前，人工智能产业将成为一个万亿级，甚至可能达到两万亿级的庞大产业。整个产业界和投资界都在积极投入，因此，人工智能的爆发式增长已经是一个不争的事实。

在这样一个迅猛发展的产业中，哪些应用场景会率先迎来人工智能的赋能？

无人驾驶无疑是其中的佼佼者。我们目睹了无人驾驶车辆技术的飞速成熟，不仅研发速度惊人，其产业化进程也同样迅速。新能源汽车正引领着整个汽车产业的变革，这一领域的潜力巨大。

与人们日常生活紧密相连的行业也将是人工智能快速落地的领域，这些行业涉及衣食住行的方方面面，拥有庞大的使用量和数据量。例如，个性化

1　在经济学中，"低垂的果实"被用来指代非常重要却又唾手可得的物质财富。

推荐就是一个典型的应用场景，它能够为用户和组织带来实实在在的价值，并产生广泛的影响。

同时，一个极具前景但可能不是最快落地的领域是"生物界的数字化"，特别是制药行业。这是人工智能能够发挥巨大价值的另一个重要领域。

人工智能之所以能为各行各业带来显著价值，主要是因为它能够借助强大的计算能力和相对低价的算力、芯片等资源，通过对数据的深度挖掘和"暴力"计算，实现高识别率，进而达到节能降耗的效果。然而，这并不意味着我们已经迎来了真正意义上的"人工智能时代"，我们仍需要在发展的过程中不断寻求问题的解决方案。

从另一个维度探讨人工智能对绿色发展的意义，我们可以发现，人工智能实际上是对人类数据和过去经验的深度总结与提炼。通过运用人工智能，我们可以有效降低未来运营的成本，减少重复计算的工作负担，并解决"数据孤岛"问题，实现数据的一致性。

不可否认，技术思维和认知的革新，都在数智化浪潮中与时俱进，对每个行业而言，变化已经不再是是否愿意接纳的问题，而是迫在眉睫，甚至是已经悄然发生的现实。

三　跃迁：让每个企业都拥有自主建设的能力

（一）企业数字化转型的七大核心要素

以数字化进程为例，假设某企业在2023年尝试采用中台架构、分布式数据库或某种特定的数据建模方式，但未能取得成功。那么，该企业在2024年是否还应继续尝试采用这些策略？

若企业秉持静态思维，尤其是那些被贴上"传统标签"的企业，由于过分强调正确性和可控性，往往会在"去年"犯错后，在"今年"选择放弃。这种"一朝被蛇咬，十年怕井绳"的心态，从概率论的角度来看，显然是一种认知偏差，更准确地说是认知框架的问题。在数字化和智能化改造领域，若企业带着这种思维逻辑前行，将十分危险。因为"去年"的错误并不意味着在"今年"也会再次犯错，同样，"去年"的成功也并不代表"今年"能再次复制。

若企业无法解决这个问题，持续混淆相关性和因果性，在做出决策时容易将不相关的行动与结果联系起来。这样一来，无论企业如何努力，即使暂时取得了一些成效，也难以持久。

数字化转型一直是一条充满挑战的赛道，成功转型的七大核心要素缺一不可，具体如下。

明确的转型战略

许多企业认为他们的转型目标是降本和增效，但这其实是一个相当模糊的概念。降本具体要降什么？是仓库的损耗率、员工的数量，还是其他方面的成本？降到一个什么样的标准才算成功？同样，增效又要增哪些方面的效益？是人员效率、企业业绩，还是利润率？只有制定了清晰的数字化战略，企业才能在转型过程中有条不紊地推进，确保每个环节都能按照既定的路线进行，一旦出现问题也能及时发现并快速解决。这种战略需要细化到具体的部门和实施阶段，能够让领导层和执行人员都有明确的规划和目标。

领导层的率先转型

数字化转型不仅仅是技术或业务的转型，更重要的是意识的转型，尤其是领导层的意识转型。领导层需要具备良好的数字化意识，深刻理解数字化转型将为企业带来的改变和积极影响。他们需要在出现问题时及时调整转型策略，在懈怠的时候加大推进力度。

积极的学习氛围与文化

数字化转型需要全新的知识和技能，因此企业需要营造一种积极的学习氛围。企业内部人员需要学习软件操作、数字化知识，增加数据敏锐度，改变原有的传统业务行为，利用数字技术赋能自身。同时，新入职的员工也需要学习企业知识和业务模式，快速融入企业。

数据驱动的决策文化

数字化转型的核心是将企业管理行为和业务行为数据化，形成一个完整的数据链条。企业需要培养以数据为核心的决策文化，这意味着从领导层到基层员工都需要重视数据的收集、分析和应用。用数据助力决策可以使领导决策更加精准和合理，从而提升企业整体的运营效率。

强大的技术投入与合作网络

数字化转型需要工具支撑，无论是硬件还是软件都需要强大的技术团队来支撑。在复杂的数字化转型过程中，企业建立一个涵盖供应商、顾问、技术提供商等的合作网络可以帮助企业共享资源、技术和经验，从而加速转型进程。

全面的人员转型与人才培养

除了工具和业务转型，人员转型也是非常重要的。员工需要技能转型，具备工作范围内的数字技术。同时，企业也需要注重人才培养和架构搭建，从外部引进先进人才来提升企业的整体内驱力。这些新鲜血液的加入可以调动老员工的工作积极性，从而提升企业整体效率。

搭建多元化的资源渠道

在数字化转型过程中，企业会逐渐接触到许多新商机、新渠道和新模式。这时企业需要与终端用户、厂商等建立良好的合作关系，将这些资源融入企业经营环节。除了用户和厂商资源，企业还可能接触到广告设计、新媒体渠道等资源。利用数字技术的包容性将这些优秀资源转化为企业能力可以提升企业的服务能力和盈利能力。

数字化转型是一个持续性过程而不是一次性任务。企业需要具备"求知欲"并紧跟数字化发展进程来灵活地改变转型方式，这有助于提升企业整体实力和竞争力。数字化转型是阶段式的，企业在完成一个阶段目标后，需要根据下一阶段的目标和计划进行整体性升级。

（二）传统企业迈向数字化未来的全面转型

随着科技的飞速发展，传统企业正站在数字化转型的路口，这是一场前所未有的深刻变革。数字化已超越技术范畴，成为企业保持竞争力、开拓未来的必由之路。

传统企业在业务、战略、操作和文化等方面的转型路径如下。

第一，战略思维的转变

战略思维的转变包括制定明确的数字化战略、领导者的深度参与及构建合作生态等，详见表3-2。

表 3-2　战略思维的转变

战略思维的转变路径	具体方式
制定明确的数字化战略	企业数字化转型需要以明确的战略为指引。企业应制定具体、可量化的目标，细化实施步骤，确保战略与整体业务目标一致。通过设定关键绩效指标，评估战略执行效果，并不断调整优化
领导者的深度参与	领导者的积极参与和支持是企业数字化转型成功的关键。领导者需要提升数字化素养，通过培训、实践机会和激励文化，深入了解并引领企业数字化转型。同时，推动组织文化变革，建立鼓励创新、灵活应变的工作氛围，促进数字化转型的深入实施
构建合作生态	企业数字化转型并非一蹴而就，需要与合作伙伴共同推进。企业应寻找合适的数字化合作伙伴，共同推动数字化生态系统的发展。通过开放式创新、平台化合作和资源共享，实现互利共赢，共创数字未来

第二，业务模式的重塑

业务模式的重塑包括创新业务模式、优化用户体验及数字化营销等，详见表3-3。

表 3-3　业务模式的重塑

业务模式的重塑路径	具体方式
创新业务模式	在数字化转型的浪潮中，传统企业必须重新评估并创新其业务模式，以适应数字经济时代的发展需求。这包括全面审视现有价值链、利润模式和用户关系，明确自身在数字市场中的定位。企业需要问自己：现有的业务模式是否仍契合市场需求？哪些环节可通过数字技术优化？如何提供更个性化的服务？ 通过引入数字化元素，企业可开创新的营收渠道。例如，建立在线销售平台、提供订阅服务、创造数字化产品和服务，甚至构建整合多业务生态系统的数字平台。这些举措不仅提升竞争力，更助力企业适应快速变化的市场环境，开拓全新的商业版图

续表

业务模式的重塑路径	具体方式
优化用户体验	企业数字化转型的核心在于提升用户体验。企业需要利用数字化手段改善用户互动服务，如建立多渠道用户支持体系、引入智能客服、利用数字化工具直接与用户互动等。这些措施使企业能够更主动、更及时地响应用户需求，提升用户的满意度。此外，通过数据分析与个性化推荐、定制化产品、个性化营销策略等手段，企业能够更深入地理解并满足用户需求，建立更紧密的用户联系
数字化营销	数字化营销是连接企业与用户的桥梁。企业可利用社交媒体、内容营销等数字化手段，广泛参与市场互动，建立品牌形象。同时，通过数据分析与用户细分，制定个性化的营销策略，提供精准推送和定制化内容，提升营销转化率，增强用户满意度和对品牌的忠诚度

第三，操作层面的革新

操作层面的革新包括业务流程重组、实时数据分析、云计算应用，以及应用人工智能技术等，详见表3-4。

表 3-4　操作层面的革新

操作层面的革新路径	具体方式
业务流程重组	企业可引入数字化工具和平台，重新设计业务流程，实现自动化、优化和整合。通过简化流程、实时数据访问、移动化工作等措施，可提高企业工作效率和响应速度，灵活应对市场变化
实时数据分析	企业可建立实时数据分析系统，整合数据资源，部署分析工具和应用算法，支持业务决策的实时监控。通过仪表盘、实时警报系统和可视化工具，确保企业能够迅速响应市场变化，做出明智决策
云计算应用	企业可推动云计算应用，提升业务灵活性和工作效率。通过开发移动应用、迁移业务至云平台、实施设备管理策略、提供培训支持等，企业可降低成本，提高资源利用效率

续表

操作层面的革新路径	具体方式
应用人工智能技术	企业可应用人工智能技术，优化决策过程，提升用户服务质量。通过预测性分析、智能决策支持系统、智能客服、个性化产品推荐等手段，企业可实现智能化管理和服务

第四，文化与组织的重塑

文化与组织的重塑包括优化组织结构、培育创新文化、强化数据治理，以及促进用户参与等，详见表3-5。

表 3-5 文化与组织的重塑

文化与组织的重塑路径	具体方式
优化组织架构	企业可重新评估组织结构，优化业务流程，创建跨职能团队，实施扁平化管理。制定适应数字化的决策和治理模式，确保组织灵活高效，以迅速响应市场变化
培育创新文化	企业可营造鼓励创新和实验的文化氛围，领导者成为创新榜样，设立奖励机制，提供创新空间。促使员工积极参与数字变革，通过培训、参与决策、透明沟通等方式，激发内部创造力
强化数据治理	企业可制定完善的数据治理策略，组建专门团队，进行数据清理、元数据管理、合规性和安全性控制。明确数据所有权和使用规范，保障数据安全，提升数据价值
促进用户参与	企业可加大用户在数字化转型中的参与力度，通过用户体验设计、协同创新、培训支持等方式，提升用户满意度。利用数字化手段收集和分析用户反馈，持续优化产品和服务，实现用户和组织共赢发展

传统企业的数字化转型是一场全面深刻的变革。通过战略思维的转变、业务模式的重塑、操作层面的革新，以及文化与组织的重塑，企业能够更好地把握数字时代的机遇，进行数实融合的深层实践。

第二部分

数实融合

如今，物理世界与数字世界的融合已成为不可逆转的趋势，我们正迎来一个全新的数实融合时代。在这个时代，数字技术不再是遥不可及的科技产物，而是深度融入我们生产生活的每一个角落，与实体经济和社会服务紧密结合，共同构建一个更加智能、高效、便捷的新世界。

这一部分将深入探索数字技术与实体经济、社会服务的融合之道，深刻剖析数字技术如何赋能农业、教育、医疗、金融、考务、软件行业和政府服务等领域，推动其转型升级，为我们的生活带来翻天覆地的变化。具体来说，我们将见证智慧农业如何借助数字技术实现全链路转型；智慧教育如何重构未来教学新体验；智慧医疗如何以患者为中心，服务健康中国；智慧金融如何基于数字技术练就金融"炼金术"；智慧考务如何实现考试流程精细化控制，维护考场公平公正；智能软件如何实现降本增效；数字政府如何助力国家现代化治理迈向新阶段。

第四章

智慧农业：
推动农业现代化和乡村振兴

　　数字经济时代，智慧农业正逐渐成为推动乡村经济发展的新引擎。这是一次对传统农业模式的深刻变革，也是一次对乡村振兴战略的具体实践。

　　本章将深入探讨如何通过全链路的数字化转型，构建成本可负担、经济可持续的新农业模式。本章将从生产、服务、信息平台等多个环节出发，揭示数字化管理如何提升农业机械化水平、推动农业社会化服务创新，以及助力农民降本增效、增产增收。同时，本章还将探讨数字技术如何赋能乡村振兴，让绿水青山真正变成金山银山。

一 拥抱全链路数字化转型，盘活乡村经济

（一）农业全链条数字化：推动乡村产业转型升级

◉ 数字技术与农业深度融合

近年来，随着数字技术的迅猛发展，数字经济已成为全球经济增长的新引擎，深刻重塑着各行各业的产业生态与竞争格局。"十四五"规划明确指出，要以数字化转型为核心驱动力，全面推动生产方式的深刻变革。党的二十大报告也强调构建现代化产业体系，加速数字中国建设，标志着数字经济在推动高质量发展中的核心地位日益凸显。

数字技术以其强大的赋能与外溢效应，不仅革新了资源配置与管理模式，还重塑了竞争规则，为经济社会的全面进步开辟了新路径。值得一提的是，数字技术正逐步渗透到乡村领域，激活了乡村产业的内在发展动力，为其数字化转型升级插上了翅膀。从国际视角看，发达国家和地区已经探索出多样化的数字技术赋能乡村产业升级路径，例如美国的精准农业实践、韩国的乡村信息化转型和德国的智慧农业方案等，这些成功案例为我国的乡村产业转型升级提供了宝贵经验。

近十年来，我国积极推动数字技术向乡村延伸，加速数字技术与农业深度融合的进程。这一过程不仅延长并优化了农业产业链，还极大地提升了价值链的整体效能。当前，乡村数字化建设已在多个产业领域取得初步成效，包括信

息基础设施的完善、产业环节的顺畅衔接、市场空间的不断拓展，以及创新思维与认识的普遍提升，这些均为农业全链条数字化的实现奠定了坚实基础。

◉ 农业全链条数字化的内涵

乡村产业的转型升级是实现乡村振兴战略中产业振兴的核心与必要条件。而农业全链条数字化在这一转型过程中扮演着推动者和引领者的角色，为我国加速实现乡村产业现代化、建设农业强国带来了新契机。

要深入理解农业全链条数字化的内涵，应明确农业产业链与农业数字化的概念。从供应链角度来看，农业产业链涵盖了农业产前、产中、产后加工、流通和消费等多个环节，是从农业资源到最终消费品的所有重要环节及其相互关系的综合表现。从价值链角度来看，农业产业链可以划分为辅助价值链、基本价值链和可拓展价值链。从复合系统角度来看，农业产业链是由产品链、信息链、资金链、技术链和契约链共同构成的系统。

农业数字化的概念最早源自"数字农业"，主要指的是利用数字技术对农业进行改造，以农业大数据为核心生产要素，并将其应用于产业链的各个环节，对农业进行全方位、全过程的模拟、监测、判断与预测。数字技术的广泛应用和组织的深刻变革是农业数字化的两大显著特征。在我国，农业数字化经过十多年的发展，已从传统的农业生产体系扩展到农业生产、经营、管理、决策、服务等领域。

农业全链条数字化，即涵盖生产、经营、管理、服务等所有环节的深度数字化改造，正成为推动乡村产业转型升级的关键力量。它不仅可显著提升农业生产效率与产品质量，还可促进农业经营模式的创新与市场响应速度的加快，为乡村经济注入强大动力，开启乡村产业发展的新篇章。我们应积极把握这一历史机遇，深化数字技术在乡村产业的应用，为构建繁荣、可持续的乡村经济体系贡献力量。

◉ 农业全链条数字化的基本特征

农业全链条数字化是农业数字化向农业产业链更深层次发展的结果，相较于农业数字化更具有针对性和深度，主要表现为链式关联性、数据集成性和主体协同性。

农业全链条数字化的基本特征见表4-1。

表 4-1　农业全链条数字化的基本特征

基本特征	具体内容
链式关联性	农业全产业链的数字化改造与发展建立在全链条各环节数字化发展的基础上，要求打通产业链上各环节的信息堵点和连接障碍，以推动农业全链条的数字化改造与发展。经过数字化改造后的农业全链条，各环节之间的信息、利益、决策等关联性进一步加强，整体关联效应显著提升
数据集成性	通过建立或依托大数据平台，收集全链条各环节的相关数据，形成远超传统链式环节的数据分析能力，有助于对产业链发展进行整体判断。此外，乡村产业转型按照"固链、补链、延链、强链"的思路，突出集群成链。数字技术的应用增强了从抓生产到抓链条、从抓产品到抓产业、从抓环节到抓体系的能力，提升了农业全产业链的数字化规模效应
主体协同性	农业全链条数字化不仅拓展了产业链主体的资源，还增强了链主效应。链主企业（头部企业）能够清晰了解链条上各环节的强项和弱项，从而促进产业链上各环节主体的分工与协作。这使不同主体从"单打独斗"走向"抱团发展"，进一步解决了农业产业链完整性有限、连接紧密度低等问题

◉ 农业全链条数字化的作用机制

如今,数字技术在我国乡村经济领域迅猛发展,正逐步成为催生乡村产业发展新动力的关键要素。其中,农业全链条数字化作为数字经济时代农业现代化进程的核心方向,为乡村产业的转型升级提供了坚实的支撑。而农业全链条数字化作为乡村产业转型升级的强大引擎,其作用主要体现在提升生产效率、优化产业结构、拓展产品市场,以及促进产业链主体协同分工等多个层面。

第一,产业链生产效率的显著提升

农业全链条数字化实现了"无形技术"与"有形产业链"的深度融合,极大地提升了农业全产业链的生产效率。这一融合围绕农业全产业链,通过线上合作模式将供应、采购、物流、经营、管理、服务等核心环节紧密相连,构建并优化了农产品全链条的数字化运营体系。在供应端,农产品的生产、采摘、运输、销售、配送等全链条过程均实现数字化,有效降低了农产品全程追溯监管的成本,并实现了全链条闭环式的安全管控。在销售端,互联网平台充分发挥了线上资源整合的优势,融合线下渠道资源,显著增强了农产品与用户偏好的匹配度。这种依托互联网平台的数字化资源整合模式,极大地推动了农业全产业链整体经营效率的提升。

第二,产业结构的深度优化

传统乡村产业以农业生产为主,产业门类单一、经营分散、集约化程度低,导致产业链延伸有限、产品附加值低、产业竞争力弱。而数字技术的引入为优化农业产业结构提供了新模式。农业全产业链的数字化改造升级,不仅增强了农产品生产、加工、消费和产能布局监测分析的数字赋能效应，还提升了整体的市场研判能力，有助于引导农业从业者优化种植结构，实现供需匹配，防止出现"谷贱伤农"现象。农业全链条数字化的发展促进了一二三产业的深度融合，包括技术融合、产品融合和市场融合，推动产业向种养、深加工、销售全链条延伸，以"农业+科技、农业+文化、农业+教育、农业+旅游、农业+康养"的融合发展模式，实现了产加储运销一条龙、食宿游购娱一体化的发展布局。在数字技术的赋能下，农业也逐渐突破了传统经营模式，涌现了"数字农场管理""数字农业旅游""数字农业工厂""智慧生态农场"等新型经营模式。

第三，产业链产品市场的有效拓展

农业全链条数字化有助于打通农业全产业链上生产、经营、管理、服务主要环节的信息壁垒，提高链条上的产品供需匹配度和交易互动频率。一方面，农业全链条数字化增强了消费者与生产者的联系，拓展了农业产业的参与范围、产品种类和销售规模。特别是大型电子商务平台和大型物流体系的整合，发挥了"长尾效应"，使偏远乡村独特、小规模、高成本的农产品有机会销售到更大的市场，有效拓展了小农户农业的发展空间。另一方面，农业全链条数字化加速了新技术与新产业的融合，为农产品开辟了新的销售渠道。

例如，网络直播技术与农业产业的结合，使"直播助农"成为乡村产业开拓市场的新途径。这为高质量农产品被消费者发现和认可创造了机会，也为发展农业生态和农业品牌提供了新的市场空间。此外，农业全链条数字化还推动了我国农产品走向国际市场。跨境电子商务平台利用数据资源和数字技术挖掘消费者需求，在海外农产品推广、跨境支付、供应链管理与品牌建设等方面发挥了重要作用。农业全链条数字化有助于整合各方资源，缩短农产品从产地到国际消费者餐桌的时间。

第四，产业链主体协同分工的促进

良性的产业链主体协同分工是产业链整体升级的基础，而农业全链条数字化则显著增强了产业链上各主体的联系与合作。通过聚焦全产业链的发展，农业全链条数字化充分发挥了各环节经营主体的比较优势，推动了不同经营主体之间的分工与合作。农业全产业链数字化的链式发展特征，不仅使各链条上的企业通过数字化改造实现转型升级，还推动了与其他关联企业主体的数字联动，最终产生了集群成链的数字化效应，提高了农业产业链各主体的生产经营专业化、标准化。在农业全产业链数字化过程中，链主企业通常是产业集群中的头部企业，它们在数字化转型中起到引领作用，形成"头部企业数字化+"的合作分工模式，以整合各链条的数字资源，实现取长补短、协同发展、共抗风险的目标。

农业全链条数字化作为推动乡村产业转型的重要力量，通过提升生产效率、优化产业结构、拓展产品市场和促进产业链主体协同分工等多重机制，为乡村经济的现代化发展注入了新的活力。随着数字技术的不断应用，乡村产业将迎来更加繁荣、高效和可持续的未来。因此，持续探索和深化农业全链条数字化的实践，对于促进乡村振兴具有深远的意义。

（二）农业全链条数字化转型路径探索

当前，建设农业强国是实现中国式农业农村现代化目标的关键一步。

而发展数字农业则是我国农业在数字经济时代实现追赶乃至"弯道超车"、加快建成农业强国的重要方向。中共中央、国务院高度重视乡村数字产业振兴，营造了良好的乡村数字产业发展政策环境。

从《中共中央 国务院关于实施乡村振兴战略的意见》《乡村振兴战略规划（2018—2022年）》颁布实施数字乡村战略，到《数字乡村发展战略纲要》推进农业数字化转型；从《数字农业农村发展规划（2019—2025年）》探索中国特色的数字农业农村发展模式，到《数字乡村建设指南1.0》提出数字乡村建设总体参考架构；再到《数字乡村发展行动计划（2022—2025年）》全面部署数字乡村发展，以及"十四五"规划中也明确提出通过数字技术赋能传统产业转型升级，推动数字产业化和产业数字化发展，培育新经济增长点。

一系列政策的出台和实施，为农业全链条数字化助推乡村产业转型升级提供了有力的政策支持。同时，以下3点因素也加速了农业全链条数字化转型。

基础要素积累融合：奠定产业转型的基石

农业全产业链数字要素与技术的深厚积累、数字平台与企业主体的创新发展活力，以及国家建设农业强国的明确政策导向，共同构成农业全链条数字化助推乡村产业转型升级的坚实基础。

长期以来，国家对"三农"问题的持续关注和资源投入，使农业发展基础要素日益丰富。乡村振兴与城乡融合发展战略的深入实施，进一步打通了数字要素双向流动的制度通道，促进了乡村资源要素的集聚与积累。同时，农业基础科学研发实力的不断增强，以及生态学、土壤学、农学、地理学、植物生理学等相关学科的完善布局，为农业转型提供了坚实的理论和技术支撑。

大数据平台发展：技术支撑产业转型

此外，数字技术的快速迭代，特别是大数据、5G、人工智能、物联网、云计算、空间信息等技术的迅猛发展，为农业转型提供了强大的技术支撑，数据作为关键发展要素的重要性和价值日益凸显。

农业数字化发展和产业链数字化整合的推进，催生并推动了大数据平台的蓬勃发展。为满足农业产业链各环节的发展需求，各类大数据系统应运而生，如智慧农业系统、云计算系统、农业大数据系统、农业监测系统等，这些系统的有效应用极大地促进了农业数据的收集、分析和管理。例如，地理信息系统和遥感技术可以实时收集农业土壤、农作物生长、气象、水分等相关数据，实现对农业环境资源的精准监测，从而提升农业田间管理的科学性和效率。随着农业全链条数字化信息壁垒的打通，各环节大数据系统之间的联动效应逐渐形成并发挥重要作用。电子商务平台数据系统与农业环境资源数据系统的共享与分析，能够为农产品期货交易提供有效的价值参考，进一步推动了农产品的市场化交易。

农业企业家创新精神：引领产业转型的动力源泉

企业家作为产业转型升级的实践主体，其创新精神对农业新产品生产、新技术采纳、新市场开拓、新模式探索等方面具有深远影响。农业产业化的发展催生了一大批创业经验丰富、市场拓展敏锐度高和新项目开发能力强的农业企业家。他们对农业数字技术的引进和应用持开放态度，并积极探索创新。同时，政府鼓励城市资本下乡和培育头部企业，引导特色农业产业链的发展壮大，为农业企业家提供了施展创新创业创造才华的广阔舞台。为了增强市场竞争力，一些大型头部企业积极组织人才和资源进行基础研发和数字技术积累，推动农业关键领域技术的创新突破，引领农业转型升级的新篇章。

● 农业全链条数字化：助推乡村产业转型的核心路径

农业全链条数字化助推乡村产业转型，其核心在于以数字知识作为关键生产要素，以信息网络为传播载体，以数字技术为强大推动力，实现农业生产、经营、管理和服务产业体系的全面变革，包括组织变革、技术变革和效率变革。这一转型的典型特征是利用数字经济理念，充分发挥数字技术在农业生产要素配置中的优化和集成作用。通过将大数据、物联网、人工智能等数字技术与土地、劳动力、资本、信息等资源要素，以及农学、植物生理学、地理学、土壤学等基础学科知识深度融合，形成全新的数字信息生产要素，并与农业生产紧密结合，创新出农业产业发展新模式。

在此基础上，数字技术与农业产业链的生产、经营、管理和服务环节实现深度融合，推动农业全产业链的协同发展，进而推动乡村产业的全面转型升级。

升级路径1：农业生产转型：科技赋能，提质增效

数据驱动是农业转型升级的关键。农业全产业链的数字化改造增强了数字农业平台的信息资源集成和农业生产全程控制能力。通过发挥技术创新和大数据分享的乘数效应和溢出效应，促进农业新旧动能的转换，全面提升农业整体生产效率。

升级路径2：数字技术融入生产全过程，提升农业科技含量

现代科学技术在农业领域的广泛应用，提升了农业生产产前、产中、产后不同阶段的数字化水平，推动了农业生产的高质量发展。在产前阶段，生产者应用遥感、云计算、大数据分析和机器学习等技术，科学分析并评估土壤成分和肥力、分析灌溉用水供求状况、鉴定种子品质，实现生产要素的科学配置，促进农业生产节能降耗、提质增效。在产中阶段，生产者利用人工智能技术进行环境监测，优化田间管理；农业物联网和智能农机设备的应用促进了农业精准高效发展。在产后阶段，数字技术则应用于农产品品质检测、市场行情分析和物流配送路径优化。数字技术的应用显著提升了农业生产的科技含量，推动农业生产向机械化、自动化、智能化方向转型，加速农业现代化进程。

升级路径3：智慧农业发展，数字技术引领创新

数字技术在农业领域的广泛推广和应用，为智慧农业的创新发展提供了坚实的技术支撑。以数字化农业设施为代表的智慧农业是生物、工程、信息、网络等的高度集成体。数字技术的应用有效提升了农业资源利用效率，提高了生产的智能化和集约化水平。同时，农业企业和农业科技公司在推动农业数字技术研发和应用方面发挥着重要作用。例如，大型养殖企业利用猪脸识别、红外线成像、体温监测追踪等技术，能够实时获取猪成长过程的数据，并通过模型分析优化养殖管理措施。此外，数字化农事操作系统的应用也促进了农业生产自动化管理的发展。

升级路径4：降低信息不对称，提升风险控制效率

农业生产受自然、市场和社会因素的多重影响，存在诸多不确定性。随着农业生产要素数据流、信息流和资金流的不断积累，大数据技术的应用有

助于降低农业生产中的信息不对称程度，提升风险控制效率，为农业生产者提供更加有效的风险管理手段。

通过数字技术与农业产业链的深度融合，未来有望实现农业生产的全面提质增效，推动乡村产业的持续转型升级。并且随着数字技术的不断发展和应用，农业全链条数字化的潜力将进一步释放，为乡村振兴和农业现代化注入新的活力。

二 生产环节的数字化管理：提升农业机械化水平

无论转型的理念、战略、方法是什么，最后都要应用到具体的实践中。而在农业生产环节的实践中，始终离不开先进的农机设备。确切地说，随着信息技术的飞速发展和农业现代化进程的推进，生产环节的数字化管理已成为提升农业机械化水平的关键路径。农机设备的数字化管理不仅意味着将传统农机与现代信息技术结合，更代表着农业生产方式的一次深刻变革。这一变革的核心在于通过数字化手段对农机设备进行精准管理、优化资源配置、提高作业效率，进而推动农业生产向更加智能化、高效化的方向发展。

（一）我国农业机械化的发展现状与趋势

初期，我国农机设备总动力较低，农机设备数量有限。但经过几十年的发展，农业机械化水平显著提升，农机设备拥有量大幅增加，各种高端配置的农机设备被广泛应用于农业生产中。农机服务领域不断拓展，从单纯为农业生产提供服务，逐渐扩展到农副产品加工、畜牧业、林业等多个领域。

随着农机设备水平的提升，农机作业逐渐实现市场化和社会化服务，有效促进了农业综合发展水平的提升。信息技术、自动化技术和智能技术的迅猛发展，显著提升了农机设备的技术水平。智能化的农机设备（如智能化的拖拉机、收割机等）通过先进的传感器和控制系统实现自主导航、智能作业，提高了农业生产的精度和效益。

现代农机设备越来越趋向于多功能一体化，能够完成不同阶段的农业生产任务。例如，一些先进的拖拉机集成播种、施肥、喷药等多种功能，实现农业生产全程自动化。未来农机设备的发展将更加注重智能化和自动化。随着人工智能、物联网、大数据等技术的进步，农机设备将更好地适应不同的农业生产环境，实现更高水平的自主决策和自动操作。

农机设备的发展将更加注重节能减排，促进能源的节约利用，提升环境友好性，减少对土地、水资源的污染，推动农业向可持续发展的方向迈进。

大数据和云计算技术的应用将成为未来农机设备发展的重要驱动力。通过收集和分析农机设备的运行数据，可以优化农业生产过程，提高农业生产效率。未来的农机设备将不再是单一功能的机械设备，而是集成了多种功能的复合型机械设备。同时，大型农机将更好地适应大规模农田作业的需要。随着大众环保意识的提高，农机设备的发展将更加注重可持续性。新一代农机设备将采用新能源和清洁能源（如电力、太阳能等），以降低对环境的负面影响。农机设备将提供定制化服务，根据不同的种植作物、土壤条件和气候等因素，提供个性化的解决方案，满足农民的特定需求。

基于此，农机设备数字化管理引入传感器、无线通信、云计算等技术，实现实时监测、远程控制、故障预警等功能。这不仅可以提高农机设备的使用效率，减少农机设备故障导致的生产延误，还能通过精确的数据分析，优化作业流程，进一步提升生产效率。数字化管理可以实现对农机设备的精确维护和保养，避免不必要的维修和更换，从而降低运营成本。同时，通过智能调度和规划，可以合理安排农机设备的使用，避免农机设备闲置。

农机设备数字化管理可以根据农作物的生长情况、环境条件等因素，自动调整工作参数，确保作业质量的一致性和稳定性。此外，农机设备数字化管理还可以实现精准导航和定位，提高作业精度和效率；可以减少化肥、农药等农业投入品的使用，降低其对环境的污染和破坏；可以科学规划农业生产活动，促进农业资源的合理利用和可持续发展。

目前，数字技术已经广泛应用于农机设备的管理中。通过安装传感器和监控设备，可以实时监测农机设备的运行状态和作业情况。同时，利用云计算和大数据分析技术，可以对收集到的数据进行分析和处理，为农机设备的调度和作业提供决策支持。

近年来，我国政府不断出台政策支持农机设备的数字化管理。例如，《农业农村部关于落实党中央国务院2023年全面推进乡村振兴重点工作部署的实施意见》提出实施数字农业建设项目，建设一批数字农业创新中心、数字农业创新应用基地。这些政策的出台为农机设备数字化管理的发展提供了有力保障。

随着数字技术的不断发展，农机设备数字化管理的专利申请数量也在不断增加。统计显示，中国农业数字化专利申请数量从2018年开始明显增加。这些专利主要集中在农机设备的智能控制、远程监控、故障诊断等方面。

虽然农机设备数字化管理取得了显著进展，但仍面临一些挑战。例如，一些乡村的信息化水平相对较低，农民对数字化管理的认知和接受度有限。此外，数据安全和隐私保护等问题也需要重视。但总体而言，由于技术的进步和政策的支持，农机设备数字化管理将迎来更广阔的发展前景。

（二）农机设备数字化管理系统建设

随着信息技术的迅猛发展和农业现代化的深入推进，农机设备数字化管理系统建设已成为提升农业机械化水平、推动农业生产方式变革的重要抓手。这一系统的建设旨在通过集成应用新一代信息技术，对农机设备进行智能化、精细化管理，以实现资源优化配置、作业效率提升和生产成本降低，进而促进农业生产的可持续发展。农机设备数字化管理系统建设主要包含以下六大要点。

要点1：数据采集与传输

通过安装传感器和无线通信设备来实时采集农机设备的运行状态、作业情况、位置信息等数据，并传输至云端服务器进行存储和处理，是农机设备数字化管理系统的核心功能之一。

根据农机设备的类型和需求，可在关键部位安装相应的传感器，如温度传感器、湿度传感器、压力传感器、位置传感器等。这些传感器能够实时监测农机设备的各项参数，如温度、湿度、油压、电量、位置等。传感器将采集到的数据转化为数字信号，并通过有线或无线方式传输到数据采集单元。数据采集单元收集、整合和初步处理这些数据，确保数据的准确性和可靠性。

该系统通过无线通信设备，如GPS模块、4G/5G通信模块等低功耗无线通信模块，将数据采集单元收集的数据传输至云端服务器。这些无线通信设备需要具备稳定的通信性能和良好的覆盖范围，以确保数据的实时性和可靠性。在数据传输过程中，需要采取加密、校验等安全措施，确保数据的安全性和完整性。同时，还需要对传输过程进行监控和管理，防止数据被篡改或丢失。

云端服务器负责接收、存储和管理从农机设备传输过来的数据，采用分布式存储技术，可以实现对海量数据的高效存储和快速访问。云端服务器还需要对接收到的数据进行清洗、整合、分析和挖掘等处理，以提取有价值的信息。这些处理结果可以为农业生产提供决策支持，如作业规划、故障诊断、资源调度等。为了方便用户查看和管理数据，云端服务器还需要提供数据可视化功能，将处理结果以图表、报告等形式展示给用户。用户可以通过手机、计算机等终端设备远程访问云端服务器，查看农机设备的实时运行状态、作业情况、位置信息等数据。

该系统通过实时监测农机设备的运行状态和作业情况，可以及时发现设备故障和异常情况，避免因生产延误而造成的损失。同时，该系统还可以根据作业进度和需求，合理安排农机设备的使用，提高生产效率和资源利用率。通过采集和分析农机设备的运行数据和作业情况，可以了解不同设备的性能和特点，为农业生产提供科学的资源配置方案。例如，可以根据农机设备的作业效率和作业质量，合理分配作业任务和工作时间；还可以根据农机设备的故障率和维修情况，制订合理的维修计划和备件管理策略。通过实时监测和远程控制农机设备，可以减少人工巡检和维护的工作量，降低运营成本。同时，还可以根据农机设备的使用情况和维护需求，制订合理的维护计划和保养周期，延长农机设备的使用寿命，降低维修成本。

要点2：远程监控与控制

用户可以通过手机或计算机上的专用应用程序或网页界面，实时查看农机设备的运行状态、作业情况、位置信息等数据。这些数据通常以图表、图像或数字的形式呈现，让用户能够直观地了解设备的运行状况。除了实时监控，用户还可以对农机设备进行远程控制。用户点击应用程序或网页界面上的按钮或调整滑块，可以调整农机设备的工作参数，如速度、功率、深度等，以适应不同的作业需求。此外，用户还可以远程启动或停止农机设备，方便快捷地控制设备的运行状态。

在远程访问和操作控制过程中，该系统需要确保数据的安全性和用户的权限管理。该系统可以采用加密通信和身份验证技术，防止数据在传输过程中被窃取或篡改。同时，该系统还需要对用户进行权限划分，确保只有授权用户才能访问和操作农机设备，还可以结合大数据和人工智能技术，为用户提供智能化决策支持。通过分析和挖掘农机设备的运行数据和作业情况，该系统可以预测设备的维护周期、优化作业计划、提供故障诊断建议等，帮助用户做出更科学、合理的决策。

该系统远程访问和操作控制功能可能应用于多种场景。例如，在大型农场或农田中，管理人员可以通过手机或计算机远程监控多个农机设备的运行状态，及时调整工作参数或调度设备，以确保作业的高效进行。同时，当农机设备出现故障时，维修人员也可以远程访问数字化管理系统，获取故障信息，并进行远程诊断和维修指导，提高故障处理的效率。

要点3：故障诊断与预警

该系统可根据采集的数据进行智能分析，及时发现农机设备的潜在故障，并通过短信、邮件等方式向用户发送预警信息，提醒用户及时检修和维护设备。

该系统可通过安装在农机设备上的传感器和无线通信设备，实时采集农机设备的运行状态、作业情况、位置信息等数据。再将这些数据传输至云端服务器进行存储和处理。该系统在云端服务器利用大数据分析和机器学习技术，对采集到的数据进行深度挖掘和智能分析。该系统还可根据历史数据和设备特性，建立故障预警模型，当实时数据出现异常或达到预设的阈值时，模型会自动触发预警机制。

一旦该系统检测到潜在故障，会立即生成预警信息，这些预警信息包括但不限于设备过热、油量不足、部件磨损、异常振动等，并通过短信、邮件等方式发送给用户。这些预警信息通常包含故障类型、位置、时间，以及建议的检修措施等信息，可帮助用户迅速了解设备状况并做出相应处理。

用户在收到预警信息后，可以立即查看设备的实时数据，并根据系统建议的检修措施进行设备检修或维护。同时，用户还可以将检修结果反馈给系统，帮助系统不断优化故障预警模型，提高系统预警的准确性和可靠性。

要点4：作业规划与管理

根据农业生产计划和需求，该系统可为用户提供科学的作业规划方案，包括作业顺序、作业时间、作业路径等，帮助用户高效利用农机设备和合理配置资源。合理的作业规划对于提高生产效率、降低生产成本、保障作物产量和质量至关重要。科学的作业规划方案能够确保农机设备在正确的时间和地点进行作业，以减少设备的空闲时间，降低燃油消耗，并充分利用人力、物力资源。

要点5：作业规划方案

作业规划方案包括数据收集与分析、作业顺序规划、作业时间规划、作业路径规划，以及资源配置建议等。作业规划具体方案见表4-2。

表 4-2　作业规划具体方案

方案	具体内容
数据收集与分析	系统会先收集农业生产的相关数据，包括土地面积、作物类型、生长周期、土壤类型、气候条件等。再通过智能算法对这些数据进行分析，了解不同地块和作物的生产需求和特点
作业顺序规划	根据分析结果，系统会为用户推荐合理的作业顺序。例如，对于需要耕作的田地，系统可能会建议先进行深松作业，然后进行播种或施肥作业，最后进行灌溉和除草作业。这样的顺序能够确保土壤条件适宜，为作物提供良好的生长环境
作业时间规划	系统还会根据天气预报、作物生长周期等因素，为用户规划最佳的作业时间。例如，在晴朗的天气里进行播种或施肥作业，能够确保作物充分吸收养分；在降雨前进行灌溉作业，能够节约水资源并提升灌溉效率
作业路径规划	为了提高作业效率，系统还为用户规划最佳的作业路径。考虑地块形状、大小、障碍物等因素，系统能够为用户生成一个高效安全的作业路径，减少农机设备的行驶距离以节省时间
资源配置建议	除了作业规划，系统还可以根据用户的设备和资源情况，为用户提供合理的资源配置建议。例如，根据作业需求和设备性能，系统可以为用户推荐合适的农机设备类型和数量；根据作物需求和土壤条件，系统可以为用户推荐合适的肥料种类和用量

要点6：实施效果

通过农机设备数字化管理系统提供的作业规划方案，用户可以更加科学、高效地进行农业生产。这不仅能够提高生产效率和质量，还能够降低生产成本和减少资源浪费。同时，该系统还能够为用户提供实时的作业进度和数据分析报告，帮助用户更好地了解生产情况并做出决策。

当然，以上建设的方案要点仅供参考，企业应根据实际建设情况进行改进。无论如何，农机设备数字化管理系统建设是开启农业机械化新篇章的关键举措。通过集成应用新一代信息技术，对农机设备进行智能化、精细化管理，我们有望实现资源优化配置、作业效率提升和生产成本降低，进而推动农业生产可持续发展，在这一系统的助力下，农业生产方式才能够实现更深层次的变革。

（三）智能化农机设备的研发与应用

除了农机设备数字化管理系统的建设，智能化农机设备的研发与应用也已成为全球农业科技创新的热点和焦点，其广阔的应用前景和巨大的市场潜力正吸引越来越多的科研机构和企业投身其中。

就我国目前的研发情况来看，智能化农机设备的研发进展及应用情况呈现蓬勃发展的态势。

在研发方面，科研机构和企业不断加大投入，致力于突破核心技术，提升智能化水平。它们通过集成应用传感器、物联网、大数据和人工智能等先进技术，使得农机设备能够自主感知、分析、决策和执行作业任务，实现精准作业、智能监控和高效管理。目前，我国已经涌现出一批具有自主知识产权的智能化农机设备，如无人驾驶的播种机、收割机，以及能够自动识别作物病虫害并进行精准施药的植保无人机等。

在应用方面，智能化农机设备正在逐步改变传统的农业生产方式。它们能够减轻农民的劳动强度，提高作业效率，同时减少化肥、农药等生产资料的使用，降低生产成本，提高农产品的产量和品质。此外，智能化农机设备还能够实现远程监控和数据管理，为农业生产提供更加精准、及时的信息支持，帮助农民做出更科学的决策。

从当前进展来看，主要研发成果有无人驾驶农机、智能传感器与控制系统，以及精准作业技术与装备。

无人驾驶农机

无人驾驶农机研发涉及计算机、电子、控制和信息通信等多个学科，技术门槛高但发展迅速。随着物联网、大数据、人工智能等技术的不断成熟和融合，无人驾驶农机将具备更高的智能化水平。传感器技术、高精度导航定位技术、智能控制技术等在无人驾驶农机中得到了广泛应用，实现了对农机作业的精准控制和自主决策。

国内外农机企业纷纷加大研发投入，推出了一系列无人驾驶农机产品。这些产品不仅具备传统农机的基本功能，还融入了无人驾驶技术，实现了自动化、智能化作业。例如，无人驾驶拖拉机、无人驾驶收割机等，能够自主导航、精准作业，大幅提高了农业生产的效率和精度。高精度导航定位技术、环境感知与决策技术等，为无人驾驶农机的应用提供了技术支撑。

无人驾驶农机能够根据环境和作物状况的变化，灵活调整农业生产的各个环节，实现精准作业。通过精准播种、施肥、喷药等作业，可以优化农业资源的利用，提高农业生产效率。无人驾驶农机能够高效完成农作物的种植、管理和收割工作，减少了人工操作的时间和劳动力成本。同时，通过自动化和智能化的方式，无人驾驶农机能够减少燃油消耗和维修成本，从而降低总体的生产成本。

无人驾驶农机在应用中注重环保和可持续性，采用新能源和清洁能源，减少了对环境的负面影响。同时，精准作业和资源优化降低了农业生产对环境的压力。随着农业现代化的推进和农机补贴政策的升级，无人驾驶农机的市场规模呈现快速增长的态势。2023年，我国农业无人机市场规模达到65.8亿元，同比增长率为44.62%。预计未来几年内，无人驾驶农机市场将继续保持稳定增长。

无人驾驶农机在应用中还面临一些挑战，如技术门槛高、成本昂贵和法律法规不完善等。然而，随着技术的不断进步和政策的支持，这些挑战将逐步得到解决。同时，无人驾驶农机也为农业机械化创新提供了新的可能性，为农业现代化发展带来了机遇。

智能传感器与控制系统

智能传感器不断创新，实现了更高的精度、更广的检测范围和更快的响应速度。例如，新型土壤湿度和温度传感器能够实时监测土壤水分和温度的变化，为农业生产提供精确的数据支持。智能传感器趋向于多功能集成化，一个传感器能够同时检测多种环境参数，如光照、温度和湿度等。这种集成化设计降低了设备成本，提高了数据收集的效率和准确性。随着人工智能技术的发展，智能传感器开始具备初步的数据分析和决策能力。它们根据收集到的数据，可自主判断作物的生长状况，为农机提供智能控制指令。

通过集成电子、计算机和通信技术，控制系统可以实时处理农机作业数据，实现多种操作模式的切换和自动化调节。控制系统能够生成大量的作业数据，并通过数据分析提供决策支持。通过对作物生长、病虫害发生等过程中关键指标的监测和分析，控制系统可以根据实时数据进行智能作业调整，如精准施肥、除草和喷洒等。控制系统趋向于标准化和模块化设计，降低了系统的复杂性和维护成本。同时，模块化设计使控制系统更加灵活，可以根据不同的农机和作业需求进行定制。

智能传感器与控制系统在精准农业中发挥着重要作用。它们能够实时监测作物的生长环境和生长状况，为农业生产提供精确的数据支持，实现精准播种、施肥、灌溉和收获等作业。智能传感器与控制系统的应用使农机能够自动完成一系列作业任务，减少了人工操作的时间和劳动力成本，提高了农业生产的效率，降低了农机作业的燃油消耗和维修成本，同时提高了作业精度和质量，降低了生产成本。智能传感器与控制系统还能够实现精准作业和资源优化利用，降低了农业生产对环境的负面影响，促进了农业的可持续发展。

精准作业技术与装备

精准作业技术融合物联网、大数据和人工智能等技术，实现农机设备的智能化和自动化。这些技术使得农机设备能够实时获取农田的环境信息，进行精准决策和作业。传感器作为精准作业技术的核心，其性能的提升对提升农机设备的精准度是至关重要的。新型传感器能够实现更高精度、更广范围的环境信息监测，如土壤湿度、温度和作物的生长状态等。利用GPS、北斗等导航定位技术，农机设备能够实现自主导航和精准定位。这不仅提高了作业效率，还降低了对人工操作的依赖。精准作业技术还包括智能化的决策系统。通过大数据分析，农机设备能够根据实时收集的数据，如施肥量和播种密度等，自动调整作业策略，以实现最优的农业生产效果。

利用精准作业技术与装备，农民可以实现精准的播种和施肥。根据农田环境和作物需求，农机设备能够自动调整播种密度和施肥量，提高作物产量和品质。通过精准作业技术，农机设备能够实时监测作物的病虫害情况，并根据需要精准喷洒农药。这不仅提高了防治效果，还能减少农药的使用量。精准作业技术与装备的应用，使得农机设备能够自动完成一系列作业任务，如耕地、播种、施肥和收割等，这大幅提高了农业生产的作业效率，减少了人力成本。精准作业技术的应用，使得农业生产更加科学和合理，减少浪费，进一步提高资源利用效率，大幅降低了农业生产的成本。例如，精准施肥可以减少肥料的浪费，降低施肥成本。精准作业技术有助于实现农业可持续发展。通过使用精准播种、施肥和病虫害防治等措施，可以减少对环境的污染和破坏，保护生态环境。

总的来说，智能化农机设备的研发与应用正在引领农业机械化新纪元的到来。未来，随着技术的不断进步和应用场景的不断拓展，智能化农机设备将在农业生产中发挥更加重要的作用，为农业现代化和乡村振兴贡献更大的力量。

三　服务队伍的数字化管理：推动农业社会化服务创新

（一）农业社会化服务现状及趋势分析

农业社会化服务通过市场化的运作方式，有效地整合农业生产所需的各类生产要素和服务资源，为农户和农业企业提供广泛而深入、专业且多层次的服务。这种服务模式旨在解决农业服务需求日益增长与乡村一级服务资源相对匮乏之间的矛盾，通过引入新技术、新方法，培育新型的服务模式与业态，从而构建一个全面、高效和协同的综合性农业服务网络。

农业社会化服务提供者主要包括各级供销社、各类农业合作社、农业技术服务中心、农业企业、农业科研机构和农业保险机构等多元化主体。这些主体利用自身的专业优势，为农户提供从种子供应、农药化肥使用、农机作业、农业金融、农产品加工销售到农业保险等全链条服务。

通过农业社会化服务，农户可以获得更精准、高效和便捷的技术指导和服务支持，从而提高农业生产效率，降低生产成本，增强农产品的市场竞争力。同时，服务提供者也可以实现资源共享、优势互补，促进服务模式的创新和业态的升级，推动农业产业的转型升级和可持续发展。在构建农业社会化服务网络的过程中，政府可以制定相关的政策和规划，引导和支持服务提供者的发展，推动服务资源的优化配置和服务质量的提升。同时，政府还可以加强与服务提供者的合作与沟通，共同推动农业社会化服务的创新与发展。

农业社会化服务是现代农业发展的重要组成部分，对于提高农业的生产效率、促进乡村经济发展、实现农业现代化具有重要意义。通过构建全面、高效和协同的综合性农业服务网络，可以为农户和农业企业提供更优质、高效的服务支持，推动农业产业的持续健康发展。总体来看，我国农业社会化服务的现状及趋势主要包括以下两个方面。

市场需求增长

随着农业现代化进程的持续推进，农业生产方式正逐步向集约化、智能化和高效化转变。在这一背景下，农户和农业企业对专业化、高效化的农业服务需求呈现出显著增长的趋势，详见表4-3。这些服务涵盖了从农业生产的全过程到农产品销售的各环节，为现代化农业的发展提供了强有力的支撑。

表 4-3　专业化、高效化的农业服务需求急速增长

农业服务	详细解释
农业生产技术专家服务	农业生产技术专家服务是农户和农业企业最迫切的需求之一。随着农业科技的不断进步，传统的农业生产方式已经无法满足现代农业生产的需求。因此，农户和农业企业急需专业的农业生产技术专家提供技术指导，包括作物种植技术、病虫害防治、土壤改良、节水灌溉等方面。这些技术专家能够深入田间地头，为农户提供实地指导，帮助他们掌握先进的农业生产技术，提高农业生产的效率和质量
农资供应服务	农资供应服务也是农户和农业企业不可或缺的需求。农资是农业生产的基础，包括种子、化肥和农药等。随着农业现代化的推进，农户和农业企业对农资的质量和供应稳定性提出了更高的要求。他们需要农资供应商提供高质量、价格合理的农资产品，并确保及时供应。此外，农资供应商还需要提供专业的农资使用指导和售后服务，帮助农户和农业企业合理使用农资，提高农业生产效益
农机服务	农机服务在农业现代化进程中同样扮演着重要角色。随着农业生产规模的扩大和劳动力成本的上升，农户和农业企业越来越依赖农机服务来提高生产效率。农机服务包括农机租赁、农机作业和农机维修等方面。农户和农业企业可以通过农机服务实现农业生产的机械化和自动化，降低生产成本，提高生产效率。同时，农机服务还能够提供先进的农机设备和技术，帮助农户和农业企业实现精准农业和智能农业等现代农业模式

农业服务	详细解释
农业金融服务	面向农业金融服务，农户和农业企业在扩大生产规模、引进新技术等方面需要资金支持。农业金融服务包括贷款、保险和担保等多种形式。农户和农业企业可以通过农业金融服务获得资金支持，降低经营风险，促进农业生产的可持续发展。农业金融服务机构还可以为农户和农业企业提供金融咨询、财务规划等服务，帮助他们更好地管理资金，提高资金使用效率
农产品市场营销服务	农产品市场营销服务是农户和农业企业实现农产品价值转化的重要途径。随着市场竞争的加剧和消费者需求的多样化，农户和农业企业需要专业的市场营销服务来推广自己的农产品，提高品牌知名度和竞争力。农产品市场营销服务包括市场调研、品牌建设、产品推广和销售渠道拓展等方面。农户和农业企业可以通过市场营销服务了解市场需求和消费者偏好，制定合适的市场策略，实现农产品的优质优价销售

随着农业现代化进程的推进，农户和农业企业对专业化、高效化的农业服务需求日益增长。这些服务涵盖了农业生产技术专家服务、农资供应服务、农机服务、农业金融服务和农产品市场营销服务等方面，为现代化农业的发展提供了全方位支持。

服务供给不足

农业社会化服务体系建设在推进农业现代化和乡村振兴过程中扮演着至关重要的角色，然而当前体系中存在着一系列问题，特别是"头重脚轻"的现象在乡村一级尤为突出，形成一定的断层。具体来说，这一体系在顶层设计层面往往较为完善，但在基层执行和乡村落地时却显得力不从心，导致服务效果大打折扣。

农业社会化服务体系建设在乡村一级的断层现象明显。这主要体现在服务资源的配置不均和服务网络的覆盖不足。由于资源有限，很多乡村地区难以享受到与城市或大型农业区同等水平的服务。这导致服务网络在乡村地区的断裂，使农民在农业生产、技术更新和市场对接等方面缺乏必要的帮助和指导。

农业收益相对较低是导致农民对社会化服务需求不足的重要因素之一。相较于其他行业，农业的投入产出比相对较低，农民往往面临着较大的经济压力。在这种背景下，农民对于社会化服务的需求往往会被压缩，因为他们需要优先考虑生产成本和经济效益。这导致农业社会化服务市场在一定程度上出现了供需失衡的现象。

农业社会化服务组织与农民之间没有形成有效的利益共同体。许多农业社会化服务组织在提供服务时缺乏与农民的紧密合作和利益共享机制，导致服务意识淡薄和服务质量差。农民在享受服务时往往感受不到实质性的帮助和收益，从而降低了他们对社会化服务的信任度和依赖度。

为了改善这一状况，需要采取一系列措施来加强农业社会化服务体系建设，具体如下。

- 加大对乡村地区的资源投入和政策支持，完善服务网络，确保服务能够覆盖到每一个乡村和农户。

- 提高农业收益，通过技术创新、品牌建设等手段提高农产品的附加值和市场竞争力，从而激发农民对农业社会化服务的需求。

- 加强农业社会化服务组织与农民之间的利益联结机制建设，确保双方能够共享农业社会化服务带来的收益和成果。

- 加强农业社会化服务组织的培训和管理，提高服务人员的专业素养和服务意识，确保服务质量能够满足农民的需求和期望。

2024年上半年，中央一号文件明确提出，要加强农业社会化服务平台与标准体系的建设，特别关注农业生产的关键薄弱环节和小农户的需求，进一步拓展服务领域并创新服务模式。如此看来，在数字技术广泛赋能各行各业的背景下，农业社会化服务如何抓紧数字化机遇，的确是一个值得深思的问题。

（二）政府对农业社会化服务的政策支持

为了促进农业社会化服务的深入发展，我国政府高度重视，并采取了一系列精准有效的支持政策。这些政策旨在为农业社会化服务营造良好的政策环境和提供坚实的资金支持，以推动农业现代化和乡村振兴。

政策是助力农业社会化服务落地的有力保障。通过建设农业科技示范园区、推广先进农业技术和装备，我国政府鼓励农民采用科学种植、养殖和加工技术，提高农业生产的效率和质量。

同时，通过加强对农业科技人员的培训和指导，确保科技成果真正转化为农业生产力。为推动农业金融创新，我国政府出台了一系列金融扶持政策。这些政策包括增加农业信贷额度、降低农业贷款利率、拓宽农业融资渠道等，旨在降低农民和农业企业的融资成本，激发其参与农业社会化服务的积极性。

此外，我国政府还鼓励金融机构创新金融产品，如推出农业保险、农产品期货等，为农民提供更加全面和多元化的金融服务。我国政府积极鼓励农业头部企业发展，以发挥其在农业社会化服务中的引领作用。通过政策扶持和资金支持，我国政府帮助农业头部企业扩大生产规模、提升品牌影响力，并鼓励其与农民建立紧密的合作关系。这些农业头部企业不仅为农民提供技术、市场和信息等方面的支持，还通过订单农业、股份合作等方式与农民共享发展成果，推动农业社会化服务的全面发展。

相关政策支持的简要说明见表4-4。

表 4-4 相关政策支持的简要说明

政策	说明
政策引导	地方政府结合本地的实际情况，制定和完善农业社会化服务项目实施方案，明确服务内容、目标、对象和标准，为农业社会化服务提供政策指导。通过大力推广以农业生产托管为主的农业社会化服务，引导小农户进入现代农业发展轨道，提高农业生产的规模化和集约化水平
资金支持	安排专项资金支持农业社会化服务，同时政府实施农机购置累加补贴政策，推广应用先进适用、绿色节能、安全高效的农机，支持农机社会化服务组织的发展。同时，实施农机报废更新补贴政策，引导农机社会化服务主体加快淘汰老旧的农机
服务体系建设	引导支持农民专业合作社、家庭农场、基层供销社、种植大户，以及村集体经济组织盘活利用农机设备开展社会化服务，鼓励成立农机专业合作社，提供全程机械化作业、农资统购和烘干仓储等，建成产前—产中—产后"一站式"服务模式。优化调整农机装备结构，推广应用新型农机，加强育秧、烘干等设施设备的建设。同时，开展农机服务组织人员和农机实用人才的培训，培养一批既精通农机操作和维修技术，又懂农业、农艺栽培技术的新型农机能手
规范实施与监管	明确农业社会化服务的补助范围、对象、标准和方式，确保资金使用的合理性和有效性。同时加强政策宣传，强化监督检查，规范资金拨付流程，确保资金使用的公开透明和效益最大化

可见，我国政府对农业社会化服务的政策支持涵盖了政策引导、资金支持、服务体系建设，以及规范实施与监管等多个方面，旨在提升农业社会化服务的市场化、专业化和规模化水平，促进小农户与现代农业有机衔接，为农业生产和乡村经济发展提供有力保障。

（三）农业社会化服务顶层设计

作为推动农业转型升级、提升农业生产效率和服务质量的关键举措，农业社会化服务顶层设计旨在构建一个全面、高效和可持续的现代农业服务体系。这一体系将整合各方资源，优化服务配置，创新服务模式，满足现代农业发展的多元化需求。农业社会化服务顶层设计可以逐步打破传统农业服务的局限，推动农业社会化服务向更加专业化、市场化和信息化的方向迈进，为农业现代化和乡村振兴提供有力支撑。

农业社会化服务商业模式的设计是通过提供政策资讯、农业技术、农特产品、农用物资、农事服务、农村金融和分析决策等多方面的服务，支持农业生产、经营和管理，促进农业现代化和农民增收。农业社会化服务商业模式的设计如图4-1所示。

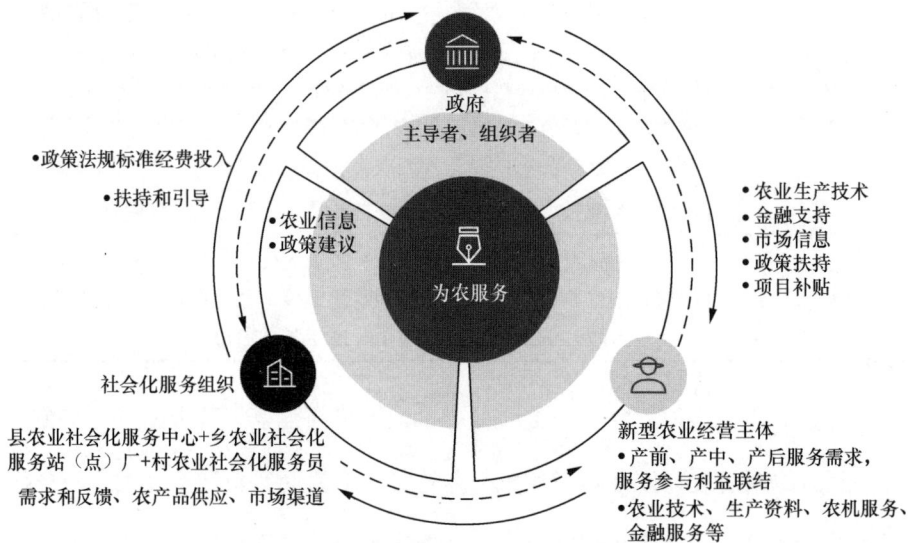

图 4-1　农业社会化服务商业模式的设计

在农业社会化服务商业模式中，政府、社会化服务组织和新型农业经营主体各自扮演着关键角色，并形成紧密的合作关系，详见表4-5。

表 4-5　政府、社会化服务组织和新型农业经营主体的角色分析

角色	分析
政府与社会化服务组织	政府与社会化服务组织之间是合作关系。政府制定政策和提供资金支持，引导社会化服务组织的发展；社会化服务组织则提供技术、农资和市场等方面的服务，支持政府实现农业现代化的目标
社会化服务组织与新型农业经营主体	社会化服务组织与新型农业经营主体之间是服务与被服务的关系。社会化服务组织为新型农业经营主体提供农业技术、生产资料和市场等方面的服务；新型农业经营主体则通过接受服务提升自身的发展能力，同时为社会化服务组织提供市场需求和反馈
政府与新型农业经营主体	政府与新型农业经营主体之间是引导与被引导的关系。政府制定政策和提供资金支持，引导新型农业经营主体的发展方向；新型农业经营主体则根据政策导向和市场需求，调整自身的经营策略和生产方式

此外，农业社会化服务具体内容见表4-6。

表 4-6　农业社会化服务的具体内容

服务内容	详细解释
政策资讯	实时跟踪和解读国家及地方农业政策，为农户和农业企业提供政策咨询和解读服务。帮助农户和农业企业了解政策动向，把握政策机遇，规避政策风险
农业技术	提供先进的种植、养殖、加工等农业技术培训和指导。推广新技术、新品种，提高农业生产效率和产品质量。搭建技术交流平台，促进农业技术的创新和应用
特色农产品	推广和销售地方特色农产品，提高特色农产品的附加值和知名度。搭建农产品电子商务平台，拓宽农产品销售渠道，促进产销对接

续表

服务内容	详细解释
农用物资	提供种子、化肥和农药等农用物资的供应服务，确保农用物资的质量和安全。与农用物资生产企业建立长期的合作关系，为农户和企业提供价格合理、质量可靠的农用物资产品
农事服务	提供农田托管、代耕代种和统防统治等农事服务，解决农户劳动力不足的问题。通过专业化、标准化的农事服务，提高农业生产效率和管理水平
农村金融	为农户和农业企业提供贷款、保险等金融服务，解决农业生产中的资金问题。与金融机构合作，推出适合农业生产的金融产品，降低农户和农业企业的融资成本
分析决策	利用大数据、人工智能等技术，深度分析农业生产、市场和政策等数据，为农户和农业企业提供决策支持，帮助他们制订科学的生产计划和经营策略

设计好农业社会化服务的具体内容后，下一步要打造一个农业社会化服务组织体系，将这个体系模型应用到实践中，通常也可以被称为××区/××县农业社会化服务中心。农业社会化服务组织体系（服务中心）如图4-2所示。

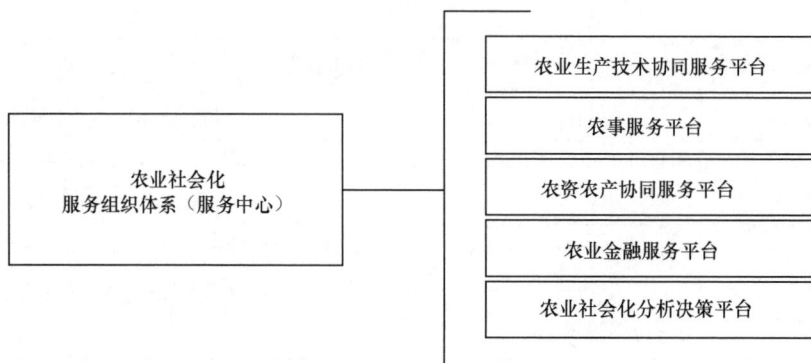

图 4-2　农业社会化服务组织体系（服务中心）

构建农业社会化服务组织体系（服务中心）主要包括农业生产技术协同服务平台、农事服务平台、农资农产协同服务平台、农业金融服务平台和农业社会化分析决策平台五大平台，形成从生产到销售、从技术服务到金融支持的全方位服务网络，以促进农业生产的现代化和可持续发展。

应如何搭建这五大平台？详见表4-7～表4-11。

表4-7　农业生产技术协同服务平台的搭建

项目	具体内容
种植技术科普与养殖技术科普	提供种植和养殖的基础知识和技术，帮助农户优化生产技能
农产品加工技术	提供农产品加工技术培训和指导，帮助农户和农产品加工企业提升农产品的附加值
农技专家服务	专家在线或现场指导，为农户提供个性化技术服务
设施建设指导	为农户提供农业设施建设的规划和指导
农技培训与示范评估	组织农技培训，并对培训效果进行评估，确保培训质量

表4-8　农事服务平台的搭建

项目	具体内容
农机预约作业	农户可以预约农机服务，如耕作、播种和收割等
农机租赁	提供农机租赁服务，降低农户的购机成本
农事用工服务	为农户提供季节性或临时性的农事用工服务
农机维修	提供农机维修服务，确保农机正常运转
农产品加工、代储、运输与销售	提供"一站式"的农产品加工、存储、运输和销售服务，帮助农户消除后顾之忧

表 4-9　农资农产协同服务平台的搭建

项目	具体内容
特色农产品管理	对地方特色农产品进行统一管理和推广
电子商务服务与直播带货	利用电子商务平台和直播带货等新兴销售模式，拓宽农产品的销售渠道
三品一标认证	协助农户进行无公害农产品、绿色食品、有机农产品和地理标志农产品的认证
在线交易、物流配送与质量追溯	提供在线交易服务，确保物流配送的及时性，并通过质量追溯系统保障农产品的质量
农资供应与使用指导	提供农资供应服务，并对农资使用进行指导和监督
新品种推广与第三方入驻	推广新品种，吸引第三方企业入驻平台，形成农业产业生态圈

表 4-10　农业金融服务平台的搭建

项目	具体内容
农业金融政策	宣传解读农业金融政策，帮助农户和农业企业了解政策动向
涉农金融产品	提供多样化的涉农金融产品，如农业贷款、农业保险等
金融网点信息与涉农担保产品	提供金融网点信息和涉农担保产品的介绍和办理服务
农业贷款与农业保险	为农户和农业企业提供贷款和保险服务，降低经营风险
农业投资基金	设立农业投资基金，吸引社会资本投资农业产业

表 4-11　农业社会化分析决策平台的搭建

项目	具体内容
农事服务统计与评估	对农事服务进行统计和评估，为服务改进提供依据

项目	具体内容
机构地图分布与服务需求分布	展示服务机构和农户的分布情况，以及服务需求的空间分布
涉贷涉保分布与农产品需求分析	分析涉农贷款和保险的分布情况，以及农产品的市场需求
农用物资统计与农村金融分析	统计农用物资的消耗情况，分析农村金融的发展状况

通过构建全面、高效和可持续的现代农业服务体系，能够更好地整合各方资源，优化服务配置，满足现代农业发展的多元化需求。同时，创新的商业模式将进一步激发农业社会化服务的活力，提升农业生产效率和服务质量，为农业现代化和乡村振兴注入新的动力。在这个基本框架下，我们有信心在顶层设计的引领下，不断探索和实践，打造出更加完善的农业社会化服务体系。

（四）组建高水平服务队伍

在农业数字化转型的浪潮中，要推动农业全产业链的生产、经营、管理与服务环节的数字化进程，不仅亟须掌握信息技术的专业人才，也离不开深谙农业农村实际情况的复合型人才。然而，当前市场上既懂数字技术又熟悉农业农村环境的综合型数字人才极为稀缺。这种人才需求的"复合型"特征与农民数字技能普遍不足的现状，给农业全产业链的数字化发展带来了严峻的挑战，导致数字化改造成本高昂、技术应用推广受阻、信息壁垒难以打破，进而制约了乡村互联网的普及与应用，减缓了数字技术在乡村的推广与应用步伐。针对这一现状，我们亟须组建一支适应数字时代的高水平服务队伍。

农机设备服务队伍的数字化管理，主要利用5G、物联网和大数据等数字化技术手段，对农机设备、服务人员、作业过程等进行全面、实时、准确的管理，详见表4-12、表4-13和表4-14。通过数据驱动，实现农机设备的优化配置、服务人员的科学调度、作业过程的高效监控，从而提高农业生产效率和服务质量。

表 4-12　对农机设备信息的管理

项目	具体内容
设备档案建立	记录农机设备的型号、性能、生产日期和使用状态等信息，实现设备的信息化管理
设备状态监控	通过传感器和无线通信设备，实时采集农机设备的运行状态、作业情况和位置信息等数据，确保设备的正常运行
设备维护保养	根据设备的使用情况和维护需求，制订合理的维护计划和保养周期，延长设备的使用寿命

表 4-13　对服务人员的管理

项目	具体内容
人员档案建立	记录服务人员的个人信息、技能特长和服务经验等，为人员调度提供依据
人员调度管理	根据农业生产计划和作业需求，科学调度服务人员，确保农机设备的充分利用和高效作业
人员培训管理	定期开展服务人员培训，提高服务人员的技能水平和综合素质

表 4-14　对作业过程的管理

项目	具体内容
作业计划制订	根据农业生产计划和农机设备的性能特点，制订合理的作业计划，包括作业顺序、作业时间和作业路径等

续表

项目	具体内容
作业进度监控	通过实时采集的作业数据，监控作业进度和作业质量，确保作业计划的顺利执行
作业质量评估	对作业结果进行质量评估，为下次作业提供改进依据

通过建立农机作业智慧化监测平台管理系统，实现了农机设备的数字化管理。通过连接终端农机，可以将入网农机设备的档案信息、位置信息、运行数据等实时传送至管理系统，实现系统和移动终端农机的实时监测。

当然，更重要的是，应高度重视乡村数字化人才的培养，积极支持和鼓励高校、职业学院等大中型教育机构开设物联网、数据科学、人工智能等相关专业，致力于培育数字化人才，为农业数字化转型提供坚实的人才支撑。尤其需要对农业经营体系中的头部企业、合作社、家庭农场等不同经营主体的数字技术需求进行细致分类，并根据分类结果制定个性化的课程培训方案，以提升其数字化素养和应用水平。

同时，也要完善农业经营主体的数字化人才梯队培养体系。应鼓励农民工、大学毕业生、退伍军人和科技人员等群体返乡创业，以增强数字技术在农业产业领域的创新力量。同时，面向农业经营主体提供全过程的数字技术服务，并依托高素质农民培育工程，整合各类培训资源，采用远程教育、专家授课和网络课程等多样化的培训形式，对新型农业经营主体进行有针对性的数字技术培训，提升其数字化应用的能力。此外，在有条件的农业院校中开设数字农业相关课程，整合计算机、农业、经济和管理等学科资源，着力培养和储备新一代具备数字经营和管理能力的农业人才。

四 信息平台的数字化管理：助力农民降本增效、增产增收

（一）数字化管理：全面提升服务效率与质量

为了更好地服务农业生产，我们需要建立农业资源信息库并搭建信息平台，进行数字化管理。其中，农业资源信息库主要涵盖土地资源、水资源和气候资源等各类农业资源数据。通过农业资源信息库的建设，我们能够全面了解农业资源的分布和状况，为科学决策提供依据。同时，我们需要建立经营主体、专家和农机操作手信息库，将各类服务提供者纳入平台管理，实现资源共享和优势互补。

在土地资源方面，农业资源信息库记录每块土地的位置、面积、土壤类型和肥力状况等关键信息。通过对这些数据的分析，我们可以了解土地资源的分布特点，为农业生产的区域布局提供科学依据。同时，还可以根据土地的肥力状况，为农民提供合理的施肥建议，提高土地利用率。

在水资源方面，农业资源信息库汇集了各个水源地的水量、水质和灌溉条件等数据。通过对这些数据的分析，可以优化灌溉方案，确保农作物得到充足而合理的灌溉，既能节约用水又能保证作物生长。

此外，气候资源也是农业生产中不可或缺的重要因素。农业资源信息库通过收集气象数据，如降雨量、温度和光照等，为农业生产提供及时的气象预警和气候分析。农民可以根据这些信息合理安排农事活动，减少自然灾害对农业生产的影响。

除了基础资源信息，我们还建立经营主体、专家和农机操作手信息库：经营主体信息库收录了各类农业企业和农户的基本信息，为农业生产的组织和管理提供便利；专家信息库汇集了农业领域的专家学者，为农民提供技术咨询和解决方案；农机操作手信息库则记录了农机具的种类、数量和操作人员等信息，为农机的调度和使用提供有力支持。

从"看天吃饭"到"知天而作"：信息平台的数字化管理

通过将土地资源、水资源和气候资源纳入信息平台管理，我们可以实现资源共享和优势互补。农民可以通过信息平台快速找到适合自己的服务提供者，获得更加精准和高效的服务。同时，服务提供者也可以通过信息平台扩大业务范围，提高服务质量和效率。

此外，通过物联网技术，农机设备可以实时传输运行数据到管理系统，使服务队伍能够迅速了解农机设备的状态、位置及作业情况，并通过实时数据的分析帮助服务队伍快速识别潜在的问题，如设备故障、作业效率低下等，从而及时采取措施，全面提升服务效率和质量。对作业过程的管理见表4-15。

表 4-15　对作业过程的管理

项目	具体内容
合理配置资源	数字化管理系统可以根据农业生产计划和实时数据，智能调度农机设备和服务人员，确保资源的最大化利用。通过合理的资源配置，可以减少设备的空置时间，提高服务效率
加快服务响应速度	当农机设备出现故障或需要维修时，数字化管理系统可以迅速通知服务队伍，并提供准确的农机设备位置信息，从而加快服务响应速度。服务人员可以根据管理系统提供的故障信息，提前准备维修工具和材料，进一步提高维修效率

续表

项目	具体内容
制定并优化作业流程	数字化管理系统可以制定并优化农机设备的作业流程，确保服务过程的一致性和标准化。标准化作业流程可以提高服务效率，减少人为错误，同时也有助于提升服务质量
实时监控作业质量	通过数字化管理系统，服务队伍可以实时监控农机设备的作业质量，如播种深度和施肥量等。数字化管理系统还可以收集用户反馈，对服务质量进行评估，为服务改进提供依据
提供数据支持	数字化管理系统提供的数据和分析结果，可以为服务队伍的决策提供有力支持。基于数据的决策可以更加科学、合理，有助于提高服务效率和质量

数字化管理技术在农业生产中的应用

农业物联网是指通过各种仪器仪表实时显示或作为自动控制的变量参与到自动控制中的物联网。它能够为温室精准调控提供科学依据，实现增产、改善品质、调节生长周期和提高经济效益的目的。有了数字化管理系统，就可以将现有技术手段更加科学地应用于农业生产场景中。农业物联网的应用场景见表4-16。

表4-16 农业物联网的应用场景

项目	具体内容
温室大棚	通过物联网系统的温度传感器、湿度传感器和光照度传感器等设备，实时监测环境参数，确保作物生长在最适宜的环境中
农田灌溉	利用无线传输技术在线监测农田的气候和土壤等参数，设定不同的浇灌策略，节约农业用水
农产品溯源	通过物联网技术实现农产品的流转全程信息记录，保障农产品质量安全，提升消费者信任度

物联网技术使自动化的农业生产系统替代了部分人工操作，降低了能源消耗并减少了人力资源的需求。通过传感器收集作物成长环境的数据，实现实时视频监控，自动触发警报或调整生产措施，确保作物健康生长。合理利用资源、减少浪费，增强资源利用率与环境友好性。

随着物联网技术的不断进步，农业物联网将实现更高的智能化水平和更强的应用能力。将此应用场景进一步拓展，可以涵盖更多的农业生产领域，如畜牧养殖业和病虫灾预警等。随着系统中数据量的增加，数据安全和隐私保护将成为重要的发展方向。

大数据分析在农业生产中的应用也越来越广泛，为农业生产提供了强大的决策支持。通过收集、整合和分析农业生产过程中的海量数据，大数据技术可以为农民和农业企业提供科学的决策依据，提高了农业生产的效率和可持续性。

大数据分析在农业生产中的应用见表4-17。

表 4-17　大数据分析在农业生产中的应用

项目	具体内容
数据采集	通过卫星图像、传感器和无人机等手段，实时收集农田环境、作物生长和病虫害等方面的数据
数据整合	将不同来源、不同类型的数据进行整合，形成统一的数据库，便于后续的分析和应用
数据分析	利用先进的数据分析技术和算法，深入挖掘数据库中的数据，发现数据背后的规律和趋势
决策支持	基于数据分析结果，为农民和农业企业提供科学的决策支持，包括种植计划、施肥方案和病虫害防治策略等

有了这些数据的支持，我们可以利用大数据对应用场景进行分析，大数

据分析应用场景见表4-18。

表 4-18　大数据分析应用场景

项目	具体内容
种植管理	通过分析土壤、气候和作物生长等数据，制订科学的种植计划，合理安排播种时间和种植密度等，提高作物产量和品质
精准施肥	通过分析土壤养分含量和作物营养需求，制定精准的施肥方案，减少化肥的浪费，提高肥料利用率
病虫害防治	通过分析病虫害发生的规律和趋势，预测病虫害的发生，制定针对性的防治措施，减少病虫害对作物的影响
市场预测	通过分析农产品市场的供需数据和价格走势，预测未来市场趋势，帮助农民和农业企业制定合理的销售策略，降低农产品滞销风险

大数据分析基于海量数据，能够发现数据背后的规律和趋势，为决策提供科学依据。通过精准的数据分析和决策支持，农民和农业企业能够更加合理地安排农业生产活动，提高生产效率。而精准施肥、病虫害防治等决策支持能够减少化肥、农药等的使用量，降低生产成本。同时也有助于优化资源配置，提高资源利用效率，促进农业可持续发展。

（二）统筹调度平台：提升农机生产效率的"数字化大脑"

农业社会化服务作为连接农业生产与市场需求的重要桥梁，其重要性日益凸显。为了进一步提升农业的生产效率，推动农业持续、高效发展，构建一个全面、高效和智能的统筹调度平台显得尤为重要。这个平台如同农业生产的"数字化大脑"，通过精准调度和管理，可以优化资源配置，提升农机生产效率，为现代农业的发展注入新的活力。

中数通以近年来的农业信息化服务案例为基础，总结出一套搭建"数字化大脑"的基本方法。

信息发布平台

具备强大的信息发布能力，涵盖农业种植、管理技术、金融产品、农产品和土地流转等各个方面。我们致力于通过多渠道、多形式的信息发布平台，确保农民和农业生产者能够第一时间了解最新的市场动态、技术进展和政策信息。信息发布平台的搭建见表4-19。

表 4-19　信息发布平台的搭建

项目	具体内容
信息发布范围的广泛性	该平台发布的信息内容极其丰富，从基础的农业种植知识到先进的农业管理技术，从金融产品介绍到农产品市场动态，再到土地流转政策，涵盖了农业生产的各个环节。农民和农业生产者只需要一个平台，就能获得全面的信息支持
信息发布渠道的多样性	为了确保信息的及时性和普及性，该平台采用了多种信息发布渠道。除了传统的网站和 App 发布，还结合了社交媒体、短信推送等多种方式，农民和农业生产者能够随时随地接收最新的信息
信息发布的实时性和准确性	该平台高度重视信息的实时性和准确性。通过与各大农业机构、金融机构和农产品市场等的紧密合作，该平台能够实时获取最新的市场动态和政策信息，并通过严格的审核机制来确保信息的准确性。农民和农业生产者可以信赖平台发布的信息，为他们的生产决策提供有力支持
信息服务的个性化与精准化	除了广泛的信息发布，该平台还提供个性化的信息服务。通过收集和分析用户的使用数据，该平台能够了解用户的兴趣和需求，为他们推送更加精准的信息。例如，种植某种作物的农民可以接收到与该作物相关的种植技术、市场动态和价格变化等信息，从而提高生产效率和经济效益

资源调度平台

基于大数据和人工智能技术，资源调度平台能够精准分析农业生产的需求和供给状况，对各类资源和服务进行智能匹配和调度。这包括但不限于种子、化肥和农机设备等生产资料的调度，以及农业技术和农业金融服务等的对接。资源调度平台的搭建见表4-20。

表 4-20　资源调度平台的搭建

项目	具体内容
精准分析农业生产的需求与供给	该平台通过收集农业生产全链条的数据，包括种植面积、作物种类、产量预期和病虫害情况等，形成农业生产需求数据库。同时，该平台也整合了农业生产资料（如种子、化肥和农机设备等）的供给信息，以及农业技术、农业金融服务等服务的提供情况，形成农业生产供给数据库。利用大数据技术，该平台深入挖掘和分析农业生产的需求和供给数据，从而准确掌握农业生产的实际状况
智能匹配和调度资源与服务	种子、化肥和农机设备等生产资料的调度。基于农业生产的需求，该平台通过智能算法自动匹配和调度生产资料，确保农民能够及时获取所需的物资，满足生产需求
农业技术服务的对接	该平台将农业技术专家、科研机构等资源与农民对接，提供针对性的技术指导和服务，帮助农民提高种植技术和管理水平
金融服务的提供	该平台联合金融机构，为农民提供农业贷款和保险等农业金融服务，降低农业生产风险，增加农民收入
数据支撑和智能决策	该平台通过对农业生产数据的分析，为政府和企业提供决策支持，如制定农业政策和优化农业产业布局等。同时，农民也可以通过该平台了解市场行情和价格走势等信息，做出更加科学的种植和销售决策
服务优化	该平台通过收集用户反馈和数据分析，不断优化服务流程和质量。致力于提供个性化、精准化的服务，满足不同农业生产者的需求

项目	具体内容
用户反馈的收集与响应	该平台非常重视收集与响应用户的反馈。农业生产者在使用该平台服务的过程中，无论是遇到问题、提出建议，还是分享经验，都可以通过该平台提供的多种渠道反馈。这些反馈成为该平台改进服务的重要参考。该平台设有专门的客服团队，负责收集、整理和分析用户的反馈；对于用户提出的问题，团队会迅速响应，提供解决方案；对于用户提出的建议，团队会认真考虑，并在可能的情况下将其纳入服务优化计划中
数据分析与智能优化	除了用户反馈，该平台还通过数据分析来不断优化服务流程和质量。该平台收集了大量的农业生产数据，包括种植面积、作物种类、产量预期和市场需求等，这些数据为服务优化提供了有力的支持。该平台利用先进的数据分析技术，深度挖掘和分析农业生产的数据。通过分析数据，该平台能够发现农业生产中的潜在问题和机会，并据此制定针对性的服务优化策略。例如，该平台可以根据不同地区的作物种植情况，推荐适合当地气候和土壤条件的种子和化肥；根据市场需求和价格走势，为农民提供销售建议等

基于上述用户反馈和数据分析，该平台能够实现个性化、精准化的服务。该平台会根据每个农业生产者的具体情况和需求，为其量身定制服务方案。例如，对于种植特定作物的农民，该平台会推荐与该作物相关的种植技术、市场行情和金融服务；对于需要购买生产资料的农民，该平台会推荐性价比高、质量可靠的产品，并提供便捷的购买渠道；对于需要技术支持的农民，该平台会安排专家进行远程指导或现场服务。而通过智能匹配和调度资源与服务，该平台能够显著提高农业生产的效率和质量，降低生产成本和市场风险。同时，该平台也促进了农业资源的优化配置和合理利用，推动农业产业的转型升级和可持续发展。

五　农业社会化服务创新发展

（一）为乡村振兴插上"数字的翅膀"

近年来，我国农业社会化服务领域取得显著进展，从传统的农业服务模式向数字化、智能化和精准化方向转变，为农业生产提供了更高效、更便捷和可持续的支持。

总结过去，农业社会化服务创新主要体现在3个方面：一是服务模式创新，通过引入物联网、大数据和人工智能等技术，实现了农业生产全过程的智能化管理和精准化服务；二是服务内容创新，不仅提供了传统的农业技术服务，还涵盖了农产品销售、品牌建设和农村金融等多元化服务，满足了农民和农业企业的多样化需求；三是服务机制创新，建立了政府引导、市场主导、农民参与的农业社会化服务体系，推动了服务资源的优化配置和高效利用。

未来，农业社会化服务将继续纵深发展：首先，随着技术的不断进步，农业社会化服务将更加智能化和精准化，为农业生产提供更加科学和高效的支持；其次，农业社会化服务将更加注重个性化和定制化，根据农民和农业企业的实际需求，提供量身定制的服务方案；最后，农业社会化服务将更加注重生态化和可持续化，推动农业与生态、环境的和谐发展，为实现农业强国目标贡献力量。

数字技术是驱动产业数字化转型的核心引擎，将为乡村产业数字化注入新的活力，赋能乡村全面振兴。

数字技术为乡村产业高质量发展提供有力支撑

智慧农业作为一种融合多学科、多领域的精准生产模式，以其高效、优质和低耗的特点，显著提升了科技进步对农业的贡献率。依托数字技术，智慧农业不仅转变了农业发展方式，还为农业带来了新技术、新理念、新模式、新场景和新业态。它激发了乡村产业振兴的活力，让更多农民能够享受到数字化发展的红利。在"稻菜轮种、稻螺共生""无人农场""智慧种田"等新种养模式的推动下，土地效益得到充分利用，同时实现了农业生态链的绿色循环，进一步激活了农业高质量发展的潜力。

数字技术推动乡村产业转型升级

"数商兴农"工程作为数字技术的具体实践，将传统分散化、小型化和原始化的生产生活方式转变为规模化、数字化和可追溯的新型生产生活方式。这一工程促进了乡村产业链的数字化转型升级，打通了从"田间地头"到"百姓餐桌"的全产业链。通过构建加工厂、仓储、物流和电子商务平台一体化的生态循环圈，它提供了农产品的产、购、销一条龙服务，打破了信息壁垒和市场藩篱，促进了产业模式再造。它还实现了生产者和消费者的双向溯源，为乡村振兴奠定了坚实的产业基础。通过数字化贸易、提高产业附加值、形成新兴产业、重塑产业需求端等途径，特别是在产品深加工的基础上，借助电子商务平台转变用户的消费习惯，乡村产业实现了从"土特产"到"金名片"的华丽转身。在这个过程中，"数商"是手段，"兴农"是目的，依托数字技术和互联网大数据的发展，农民得以实现生计模式的创新转换，同时也促进了县域经济的快速发展。

数字技术赋能乡村文旅产业

数字文旅推动了产业的融合，将乡村、农民和游客三者有效地衔接起来，改善了乡村地区"以农为主"的单一产业结构。庭院经济以"庭院+休息"的模式为例，它利用屋前屋后的闲置土地资源，挖掘庭院的增收潜力，发展了特色农家乐和种植养殖业，打造了"一村一品"的特色品牌。

这不仅带动了乡村地区经济、社会、生态和文明的全面提升，也成为乡村产业振兴的重要抓手。数字文旅还整合了乡村的文旅资源，深度挖掘了乡村的文化脉络，实现了以文塑旅、以旅彰文的良性循环。它利用数字技术对乡村沿线的特色文化、民间技艺、历史遗迹和田园风光等资源进行数字化整合、开发与呈现，使数字化成为乡村文化呈现和输出的新载体。此外，数字文旅使乡村产业更加多元化，它是一二三产业协同推进的直接体现。依托数字文旅平台的分析功能，乡村可以开展研学教育、田园养生、亲子体验、拓展训练和民宿康养等不同类型的文旅服务，从而营造多元化、特色化的数字融合应用场景。

未来，我们将继续携手合作伙伴共同深化农业领域信息化建设，推动信息技术与农业的深度融合，助力农业现代化建设进程。同时，我们也将积极探索新的业务模式和服务领域，为农业领域的可持续发展贡献更多力量。相信在不久的将来，随着技术的不断进步和应用的深入，农业社会化服务平台将在推动农业现代化、乡村振兴和农民增收方面发挥更加重要的作用。

（二）推动农业生产社会化服务提质增效

农业生产社会化服务在粮食安全保障、现代农业建设，以及促进小农户与现代农业的有机衔接中扮演着至关重要的角色。探索农业生产社会化服务机制的创新，并主导以服务规模化为特征的现代农业转型路径，对于提升农业生产效率具有深远的战略意义。

以四川省为例，2024年3月以来，随着春耕备耕工作的全面展开，无论是冬油菜、冬小麦的田间管理所需的农资供应和病虫害防治服务，还是水稻、大豆、玉米等大春作物的育秧、农机准备等服务，农业生产社会化服务均发挥着举足轻重的作用。尤其是当前四川省正处于从农业大省向农业强省跨越的关键时期，鉴于大春粮食作物产量占全省全年粮食总产量的八成以上，农业生产社会化服务的提质增效显得尤为迫切。然而，从目前来看，不只是四川省，很多地方农业发展仍面临一定的难点与挑战，例如结构性供需失衡问题显著、服务供需环节衔接不畅、配套措施和政策有待加强等。

⊙ 5个关键方面助力我国农业生产社会化服务提质增效

为了有效提升我国农业生产社会化服务的整体质效，当前需要重点突破强化服务主体能力建设、促进农业社会化服务供需的高度匹配、激励农村集体经济组织多维度参与、优化农业社会化服务监管机制和强化农业社会化服务保障支撑5个关键方面。

强化服务主体能力建设见表4-21。

表 4-21　强化服务主体能力建设

项目	具体内容
完善多元服务主体培育体系	常态化开展省、市、县三级农业社会化服务示范组织的评定工作，规范示范组织名录库的管理，并择优选择重点扶持储备服务主体； 鼓励服务主体利用技术优势进行土地流转，从事农业规模化经营，通过"农业社会化服务＋农业经营"的双重收入模式，增强服务主体的持续发展能力
促进服务主体间的合作与资源整合	鼓励服务主体通过合资合作、协作联盟等方式实现服务资源的有效整合； 推动小型服务主体通过合作，从"单打独斗式"服务向全程"保姆式"托管服务转型

促进农业社会化服务供需的高效匹配见表4-22。

表 4-22　促进农业社会化服务供需的高效匹配

项目	具体内容
健全服务需求表达与响应机制	建立自下而上的年度服务需求征集制度，以更合理地规划项目内容； 深入推进服务信息平台建设，鼓励服务对象依托服务信息平台发布需求，广泛开展"订单式"服务
构建市场化的供需对接机制	项目由行政推动的思维，转为通过服务能力、价格实惠、服务对象选择和服务规模等市场化机制，促进服务市场的良性发展
科学构建小农户服务带动机制	强化集体经济组织的居间协调作用，促进耕地连片集中，组织小农户统一接受农业社会化服务

激励农村集体经济组织多维度参与见表4-23。

表 4-23　激励农村集体经济组织多维度参与

项目	具体内容
加大对农村集体经济组织居间作用的激励	建立健全服务主体与农村集体经济组织之间的利益联结机制，通过居间服务费、组织协调工作费等形式激励农村集体经济组织
鼓励农村集体经济组织以自营或合作方式参与服务项目	鼓励农村集体经济组织抓住撂荒地整治和高标准农田建设等契机，通过自购农机设备、建设烘干和仓储设施等方式参与农业生产社会化服务
发挥农村集体经济组织的监督管理作用	将农村集体经济组织纳入服务质量监督管理主体，破解社会化服务质量监管的"最后一公里"难题

优化农业社会化服务监管机制见表4-24。

表 4-24　优化农业社会化服务监管机制

项目	具体内容
完善过程化动态监督机制	重点强化服务过程的事中监管，定期开展实地勘察、进度调度和指标监控等，确保服务内容不走偏
加强现代信息技术手段的运用	大力推广"互联网＋"、北斗农机终端、云计算和大数据等技术，提升服务质量监督及评价的科技化、客观化和标准化水平
完善服务绩效评价制度	加强对服务对象的服务项目知晓度、满意度测评，并将其作为衡量服务质量的重要依据

强化农业社会化服务保障支撑见表4-25。

表 4-25　强化农业社会化服务保障支撑

项目	具体内容
优化财政支持体系	探索"中央＋地方"的财政支持体系，建立省级财政农业生产社会化服务专项资金，增强对薄弱环节的补贴； 构建整链服务补贴体系，鼓励和引导服务主体开展农业全产业链服务
强化配套政策的支持力度	加强对服务对象的服务项目知晓度、满意度测评，并将其作为衡量服务质量的重要依据； 出台农业生产社会化服务行业规范，定期对服务主体开展教育培训和技术指导； 完善农机设备、设施用地抵押贷款制度，开发适合服务主体的农业金融产品； 降低农业用工保险准入门槛，保障服务主体的农业用地需求； 加强农业生产社会化服务与家庭农场、农民合作社等试点工作的统筹衔接，形成合力提升农业生产社会化服务的水平

◉ 某县农业社会化服务平台的搭建

第一步，分析该县农业基本状况

该县是粮油主产区，预计到2025年，该县粮食播种面积可稳定在800平方千米，产量44.4×10⁶千克；油料播种面积234.67平方千米，产量6.3×10⁶千克。从大田作物来看，该县主要农业经营模式是以传统庭园（小规模分散用户）为主、经营大户为辅的生产格局。截至2022年，该县直接从事农业生产人口约35万人，拥有2万平方米以上土地的大户有198户，各类新型经营主体2900余个。经过多年的发展，该县有农机专业合作社等从事农业社会化服务的新型经营主体18个，农机设备1025台/套，农机操作手51名。

第二步，分析该县农业社会化服务的主要短板

该县农业社会化服务的主要短板见表4-26。

表 4-26　该县农业社会化服务的主要短板

项目	内容
新型经营主体数量庞大，但整体规模较小	一般集中于 2 万～13.3 万平方米种植规模，33.3 万平方米以上规模经营主体屈指可数，新型经营主体的头部带动作用不够明显
农机设备整体存量结构不够合理	适用于山地和丘陵地形的农机设备偏少，无法完全满足实际生产的需求，农业机械化普及率较低
无法完全满足用户需求	由于农业生产的季节性较强，农业社会化服务需求常在集中时间段内爆发，加上信息闭塞、农机设备不足、技术类人才缺口较大等原因，现有农业社会化服务能力无法完全满足用户需求
资源浪费	农机设备利用率不高，闲置较多
没有充分发挥优势	各农机专业合作社彼此之间缺乏有效的协同发展机制，农业社会化服务水平和能力没有得到充分发挥
缺乏合作	本县农机专业合作社、农机操作手与外县、外市的合作不够紧密，信息沟通渠道狭窄，跨区作业较少

第三步，确定该县农业社会化服务平台的建设目标

依托该县农业社会化服务智慧管理中心和农业社会化服务中心，建立健全全县的农业资源、经营主体、专家和农机操作手信息库，实现以农业社会化服务为核心的统筹调度平台，兼顾农业种植、管理技术、金融产品、农产品和土地流转等信息发布能力。该县农机设备和服务队伍纳入数字化管理平台，实现农机作业过程可视化、可追踪和全程化管理，真正实现全县农业社会化服务资源的科学调度、高效利用、管理有序和可靠稳定，提升全县农业机械化和数字化管理水平，为推动建设粮油强县、农业强县贡献力量。建成农业社会化服务信息管理平台、信息发布平台、农业社会化服务调度平台、基础平台管理、农化服务公众号5个方面的内容。搭建完整的农业社会化服务平台系统架构，将全县的农机设备、服务队伍和需求用户纳入平台管理，实现对全县农业社会化服务的科学调度、高效利用，满足用户切实的生产需求，助力主管部门动态监控农化服务的整体态势，有效提升管理透明度和数据利用价值，助力乡村振兴、小农存续和小农农业的转型升级。

第四步，效益分析

效益分析具体分为以下3个方面。

社会效益分析。本项目实施后，实现了6个方面的社会效益：一是有利于提升该县农业现代化整体水平，以实现机械化、标准化和集约化生产，促进农业新技术和新品种的推广运用，为创建农业机械化先行县和先导区奠定基础，加快推进全程托管社会化服务进程；二是加强各类新型经营主体的联合与合作，实现农机设备整合，降低农机设备的闲置率和种粮大户的投入成本；三是建立农技、农机人才库，实现人才整合，解决缺专家、缺农机操作手的现实问题；四是建立信息资源共享平台，解决农业社会化服务信息缺来源不对称、不及时和碎片化等问题，让"农民少跑路，数据多跑路"；五是依靠智能设备终端工具（传感器），建设农机服务智慧管理系统，实现农机作业可视化和痕迹化管理，有利于主管部门对服务质量的精准监管和服务数量的科学统计；六是解决乡村劳动力缺乏、劳动生产率低等问题，降低农户的种粮成本，增加农民收入。

经济效益分析。农业社会化服务平台体系建设完成并投入正式运营后，极大提升了该县为农服务能力，预估可增加就业30人以上，增加土地托管2万平方米以上，年收入增长30%，经营收入增加1000万元左右，可创造税收收益20万元以上，农民户均增收3000元以上。

生态效益分析。本项目实施后，实现了3个方面的生态效益：一是有利于加快农业投入品减量增效技术的推广应用，推进水、药和肥一体化；二是实施半托管、全托管的农业社会化服务，有利于秸秆、农膜和农药包装废弃物等农业废弃物的及时集中回收和处理，防止二次污染，保护绿水青山；三是组建农民专业合作社联合社，搭建数字化管理平台，有利于精准高效地保护和监测农业生态环境。

数字技术与农业的深度融合正在引领乡村产业的转型升级，展现出巨大的发展潜力与前景。尽管面临农业数字基础设施薄弱、人才短缺、应用不足及产业链协同分工不足等挑战，且工农和城乡间的数字基础设施建设差距仍需弥合，但数字技术以其高渗透性和倍增性，正在不断对传统农业进行全链条式改造，创新产业经营业态，催生新型农业经营主体，提升农业经营的科技化、组织化和精细化水平。

这一进程不仅转变了农业的经营理念与模式，还推动了传统农业向智能化、网络化和信息化方向的深度转型，为农业的高质量发展奠定了坚实基础。在不远的未来，随着这些问题的逐步解决和数字技术的不断进步，农业全链条数字化将进一步深化，为乡村产业转型升级注入更强动力，开启农业现代化的新篇章。

第五章

智慧金融:
基于数字技术的金融"炼金术"

　　随着信息技术的迅速发展和互联网的快速普及，数字金融正以前所未有的速度改变着金融行业。通过整合互联网、移动通信技术和数据分析技术，数字金融不仅创新了传统金融服务模式，还为各行各业带来了新的增长点。

　　本章将深入研究数字金融带来的机遇与挑战，从宏观和微观两个层面来探讨数字金融的影响。此外，数字金融的快速发展也带来了一系列风险和挑战。本章将研究数字金融的风险，包括数据安全和隐私保护、金融犯罪和网络安全威胁、监管和法律风险，以及技术风险和创新风险。同时，本章还将探讨数字金融的发展趋势，例如人工智能和大数据分析的应用、金融科技创业和投资趋势，以及跨境数字金融合作和发展等。

一 顺潮而上：数字金融的演变与影响

（一）数字金融的起源与发展

◉ 起源与主要发展历程

数字金融的起源可以追溯到20世纪80年代末，随着计算机技术的发展，金融业开始逐步数字化。数字金融的主要发展历程如下。

电子支付系统：最早的电子支付系统包括信用卡支付、ATM自动取款机和电话银行等，这些支付系统为用户提供了更便捷、高效的支付方式。

互联网金融：随着互联网的普及，互联网金融逐渐成为数字金融的重要组成部分。20世纪90年代中期，随着互联网金融公司（如PayPal等）的兴起，人们可以通过互联网进行在线支付、转账和交易。

电子商务：2000年，随着电子商务的兴起，电子商务平台（如eBay、亚马逊等）推动了在线支付等数字金融产品的发展和普及。

移动支付：随着智能手机的普及，移动支付和手机银行应用逐渐兴起。2010年，移动支付平台（如支付宝、微信支付等）在中国迅速发展，推动了移动支付的全球化发展。

区块链技术与金融科技：2010年，区块链技术的"去中心化"、安全性和透明性等特点，为金融领域带来了革命性变革，推动数字资产、智能合约等创新发展。金融科技（FinTech）行业迅速发展，通过大数据、人工智能等技术创新，推动金融业务向智能化、个性化和高效化的方向发展。

总体而言，数字金融是在计算机技术和互联网的基础上发展起来的，经历了从电子支付系统到互联网金融、电子商务、移动支付、区块链技术与金融科技等多个阶段的发展历程，成为金融业的重要组成部分。

◉ 内涵与特征

数字金融是指利用数字技术创新和改进金融服务、产品和流程。它结合了金融业务和科技创新，以提供更便捷、高效和安全的金融服务为目标，是金融业在数字经济时代的重要发展方向。

互联网的快速发展，以及大数据、人工智能和区块链等技术的广泛应用，为金融创新提供了强大的技术支持和基础设施保障。数字金融涵盖网上银行、移动支付、数字货币和风险管理等领域。用户对金融服务的需求日益多样化和个性化，传统金融机构面临来自科技公司、互联网企业及新型金融科技公司的竞争压力，为了保持竞争优势和满足用户需求，它们需要不断创新和改进金融服务。

数字金融的主要特点见表5-1。

表 5-1　数字金融的主要特点

特点	具体内容
网络化	通过互联网和移动通信技术实现金融服务的在线化和实时化
数据化	利用大数据分析技术对用户行为、风险管理等方面进行深入分析和预测
个性化	根据用户的需求和特征提供个性化的金融产品和服务。通过引入新技术和新业务模式，不断创新金融产品和服务，以满足不断变化的市场需求

随着科技的不断发展和创新，数字金融将继续成为金融业的重要发展方向，为用户带来更加便捷、高效和智能的金融服务。

◉ 重要性与影响

数字金融的重要性在于其能够推动金融服务的普及和深化。通过数字化手段，金融服务能够覆盖更广泛的人群和地域，降低金融服务的门槛，提高金融服务的可获得性和便利性。此外，数字金融还可以利用大数据和人工智能等技术手段，对金融活动进行更精准的风险评估和预测，减少金融交易中的不确定性，提高金融服务的效率和安全性。

数字金融对未来数字经济发展的影响见表5-2。

表 5-2 数字金融对未来数字经济发展的影响

影响	具体内容
创新源动力	数字金融是金融创新的重要驱动力之一，通过应用数字技术，创造出更多种类、更个性化的金融产品和服务，满足不同用户的需求，推动金融业务模式的创新和发展
降低成本	数字金融可以降低金融服务的成本，拓展金融服务的覆盖范围，使更多的人能够享受到金融服务。特别是在发展中国家和地区，数字金融可以帮助企业解决金融服务不足的问题，促进金融普惠和经济发展
提高效率	数字金融可以提高金融服务的效率和便捷性，加快资金流动速度，优化金融资源配置，降低交易成本，提升金融市场的运行效率，促进经济增长和创新
识别风险	数字金融可以提升风险管理能力，更准确地识别、评估和应对各类风险，增强金融体系的稳定性和可持续性
协同发展	数字金融作为数字经济的重要组成部分，与其他数字经济领域（如电子商务、云计算、物联网等）相互交融、相互促进，共同构建数字经济生态系统，推动数字经济全面发展

研究数字金融对未来数字经济发展的影响，有助于深入理解数字技术对金融产业的革命性影响，为政策制定者、企业决策者和学术界提供重要参考，促进数字经济的健康和可持续发展。

（二）数字金融的发展趋势与全球现状

◉ 数字金融的主要发展趋势

当前，全球正在迎来新一轮科技革命和产业变革，数字经济浪潮蓬勃发展，人工智能、大数据、云计算、区块链和隐私计算等技术在金融领域的应用不断深化。作为金融科技的重要组成部分，数字金融的主要发展趋势有便捷性和高效性、提供个性化服务、创新产品和业务模式、"去中心化"和可追溯性、全球化和跨境交易、安全性和风险管控，以及形成金融科技生态系统等，详见表5-3。

表 5-3　数字金融的主要发展趋势

趋势	具体内容
便捷性和高效性	通过互联网和移动通信技术，数字金融使金融服务更加便捷和高效。通过电子支付、在线银行和移动支付等方式让人们可以随时随地进行金融交易，避免了传统金融服务中的时间和空间限制
提供个性化服务	通过大数据和人工智能技术，数字金融能够实现对用户需求的精准分析，并进行个性化推荐。金融机构可以根据用户的消费习惯、投资偏好等信息，为其提供定制化的金融产品和服务，提升用户满意度
创新产品和业务模式	数字金融促进了金融产品和业务模式的创新，众筹等新型金融产品的出现，改变了传统金融中心化的特点，为小微企业和个人提供了更多融资渠道和投资机会

趋势	具体内容
"去中心化"和可追溯性	区块链技术作为数字金融的重要技术基础，实现了金融交易的"去中心化"和可追溯性，通过分布式账本和智能合约等机制，减少了中间环节和风险，提高了金融交易的效率
全球化和跨境交易	数字金融促进了金融服务的全球化和跨境交易。通过互联网和数字技术，金融机构可以轻松跨越地域和国界，为全球用户提供金融服务，促进了国际贸易和投资的发展
安全性和风险管控	数字金融注重用户数据的安全性和个人隐私的保护，加强了金融交易的安全性和风险管控。金融机构通过采用加密技术、身份验证和风险评估等手段，防范网络攻击、欺诈和洗钱等风险，维护了金融系统的稳定和安全
形成金融科技生态系统	数字金融推动了金融科技生态系统的形成和发展。金融科技公司、创新企业、投资者、监管机构等在数字金融领域展开合作与竞争，共同推动数字金融的创新和发展

从整体来看，数字金融的发展趋势表现为金融与科技的深度融合。随着科技的不断发展，数字金融将更多地运用人工智能、区块链和云计算等技术，推动金融服务的智能化、自动化和个性化。例如，智能投顾[1]、智能风控等应用将逐渐普及，为用户提供更加精准、高效的金融服务。

◉ 中国数字金融发展概况

当前，中国数字金融技术的发展已位居全球前列，相关专利数量和增速都远高于其他国家。特别是在大数据和云计算技术方面，中国取得了显著成就，移动支付、大科技信贷、在线银行等领域的技术水平也位于世界前列。

1　智能投顾又称机器人理财，是虚拟机器人基于用户自身理财的需求，通过算法和产品来完成以往人工提供的理财顾问服务。

根据《数字金融蓝皮书：中国数字金融创新发展报告（2023）》，2018年1月—2022年10月，全球超过50个国家和地区共申请了19万项金融科技领域相关专利。其中，专利申请数量最多的3个国家分别是中国（10.7万项）、美国（3.71万项）和日本（0.7768万项）。中国数字金融的发展情况见表5-4。

表 5-4　中国数字金融的发展情况

情况	具体内容
规模大、发展快	中国数字金融市场规模巨大且发展速度快。无论是用户数量、服务提供者数量还是交易额大小，中国都展现出强大的实力和影响力。市场需求、技术创新和政策支持等因素共同推动了中国数字金融的高质量发展
政府大力支持	政府对数字金融的发展给予了高度重视和支持。中央金融工作会议明确提出要做好数字金融等五篇大文章，这显示出数字金融在国民经济中的重要作用。同时，各地政府也纷纷出台政策，加大金融科技支持力度，为数字金融的发展提供有力保障
环境的制约与挑战	中国数字金融在发展过程中也面临着一些环境的制约和挑战，例如监管缺位、风险累积、数据泄露、竞争失衡等。监管框架分散和监管手段落后于技术创新等问题，都需要进一步解决和完善

中国数字金融发展呈现出积极向好的态势，市场规模和技术水平都在不断提升。然而，中国也持续关注并解决发展过程中存在的问题和挑战，确保数字金融能够持续健康发展。例如，在技术层面，我国数字金融底层技术以大数据、人工智能、隐私计算、智能合约技术为代表，整体呈现出精准化、智能化、安全化、规范化的发展特点。

近年来，数字化能力成为金融机构应对市场竞争的重要标尺，以数字化能力为核心的竞争导向，使金融机构加大了对金融科技的投入。随着前沿技术的迭代升级与金融机构数字化转型进程的逐步推进，中国金融机构对金融科技的投入规模逐年递增。2019—2027年中国金融机构科技投入情况如图5-1所示。2019年增速高达21.0%，整体规模突破2200亿元。同时，中国倡导的信创建设推动了金融机构软、硬件产品的国产化，以国产软、硬件设备为基础的科技应用提高了金融机构传统信息系统的建设投入。

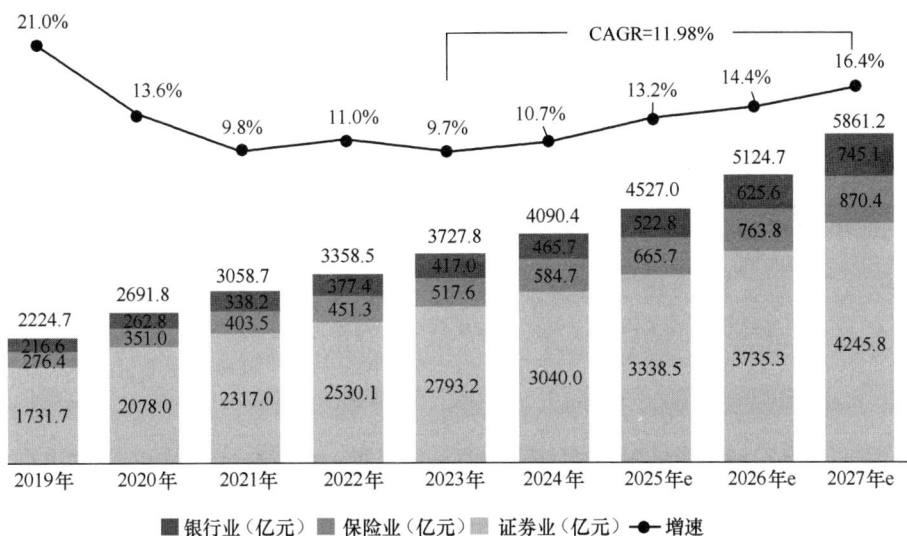

注：CAGR（Compound Annual Growth Rate，复合年均增长率）。
资料来源：艾瑞咨询

图 5-1　2019—2027 年中国金融机构科技投入情况

此外，银行、保险等领域纷纷颁布了2023—2025年科技投入发展规划，就金融科技投入提供量化指导，明确了科技团队的建设规模与投入的资金比例。综合来看，在发展规划的指导下，伴随信创投入的提升与前沿科技应用的逐步成熟，中国金融科技市场将以约12%的复合年均增长率于2027年超过5800亿元。

◉ 数字金融在全球范围内的发展现状

随着信息技术的发展和互联网的普及，数字金融已经成为金融行业的重要变革力量。数字金融以信息技术为支撑，通过整合金融服务与科技创新，推动了金融业务的数字化转型升级。当前数字金融呈现出多种形式和特点，这些形式和特点不仅对金融行业产生了深远影响，也为经济和社会带来了巨大变革。

数字金融在全球范围内的应用正在迅速扩展和深化，推动着金融行业的变革，具体发展趋势见表5-5。

表 5-5　数字金融在全球的发展趋势

发展趋势	具体内容
保障支付安全	数字金融为电子支付和移动支付提供了便利和安全性。通过使用电子钱包或手机支付应用，用户可以方便地进行网上购物、转账等。电子支付已在全球范围内普及，例如中国的支付宝和微信支付、美国的Apple Pay 等
为用户提供多样化体验	数字银行服务为用户提供了全方位的在线银行体验。用户可以通过互联网和移动应用程序查看账户余额、转账记录、支付账单等。数字银行服务还提供了个性化的金融建议和投资管理等
提供更多融资渠道	数字金融为个人和初创企业提供了多样化的融资渠道，例如，众筹平台允许个人投资者支持创业项目等
应用加密货币和区块链技术	加密货币和区块链技术对金融行业产生了深远影响。加密货币应用于交易和投资，区块链技术应用于跨境支付、证券交易、供应链管理等领域，提高了交易的安全性和效率
金融科技创新	金融科技公司利用机器学习、人工智能、大数据分析等技术，为用户提供了许多创新性的金融产品和服务。智能投顾、在线保险、支付创新等为用户提供了更加个性化、高效和便捷的金融解决方案

发展趋势	具体内容
助力传统金融 服务转型	数字金融技术为传统金融服务无法涵盖的人群实现了金融包容和普惠 金融。通过移动支付和数字银行，偏远地区的居民可以更方便地获得 金融服务

数字金融的应用正在促进世界金融行业的数字化转型，提高了金融服务的效率、便利性和普及性。但不同领域和国家的数字金融应用程度和方式有所不同，主要取决于当地金融市场、技术发展、监管环境等因素。

未来，数字金融还将进一步拓展应用场景和服务领域。除了传统的支付、借贷、投资等领域，数字金融还将向供应链金融、绿色金融、跨境金融等更多领域延伸，为实体经济提供更全面、更深入的金融支持。

（三）数字金融的影响

数字金融作为信息技术与金融业深度融合的产物，正在以前所未有的速度重塑中国的金融生态与经济格局，并给宏观与微观层面带来不同的影响。

◉ 数字金融对宏观层面的影响

影响1：促进未来金融业态变革

随着技术的不断进步和应用场景的不断拓展，数字金融将持续引领金融行业多元化、创新化、智能化和普惠化发展，为经济社会可持续发展提供有力支撑。数字金融促进未来金融业态变革的方向见表5-6。

表 5-6　数字金融促进未来金融业态变革的方向

方向	具体内容
创新交易方式与渠道	随着数字化转型的推进，金融行业的交易方式和渠道正在发生深刻变革。传统线下银行业务逐渐向线上转移，电子支付、移动支付、在线银行等新型金融服务不断涌现，为用户提供了更便捷、高效的交易方式。此外，金融科技公司的兴起给用户带来了更多的交易方式和渠道选择
数据驱动的运营决策	金融机构更加注重数据的收集、分析和利用。通过大数据分析，金融机构能够更好地了解用户需求，提供个性化的金融产品和服务，并及时调整运营策略，提高营销效果和风险控制能力
科技投入与生态赋能	金融机构不仅加大了科技投入，而且在目标和方式上更加注重业务导向和精准聚焦。同时，金融机构积极向行业输出科技能力，从技术赋能向全方位生态赋能转变，构建开放、共享、协作的生态系统，推动金融行业创新发展
金融服务的智能化与普惠化	人工智能、机器学习等技术使金融服务更加智能化，智能投顾、智能风控等应用提升了金融服务的效率，促进了金融服务的普惠化，让更多人享受到优质的金融服务

影响2：推动实体经济数字化转型

数字金融提供创新的金融产品和服务，推动了实体经济的数字化转型。数字金融利用数字技术，为实体经济提供了更加便捷、高效的金融服务，满足了实体经济在数字化转型过程中多样化的金融需求。例如，通过移动支付、电子发票等数字化手段，数字金融可以加速实体经济中资金流的数字化，降低交易成本，提高交易效率。

数字金融的发展促进了实体经济中数据的收集、分析和利用，推动了实体经济的智能化发展。数字金融以大数据、云计算、人工智能等技术为基础，通过分析海量数据，帮助实体企业更好地了解市场需求、优化产品设计、提高生产效率，进而提升整个产业链的竞争力。

通过数字金融平台，资金可以更快速地流向有潜力的创新项目和中小企业，支持实体经济转型升级。同时，数字金融还可以为实体经济提供风险管理服务，降低企业经营风险，增强实体经济的稳定性。

数字金融的普及和发展也有助于提高实体经济的普惠性。通过数字技术和金融服务的融合，数字金融可以突破地域限制，将金融服务延伸到更广泛的地区，使更多的人群和企业能够享受到金融服务，促进实体经济均衡发展。

影响3：提升国际竞争力

数字金融能够弥合国内外市场的鸿沟。数字金融平台能够整合国外市场和国内市场，成为资金流动的"连接器"。通过数字金融平台，中国企业可以更便捷地获取国际资本，加速国际化进程。同时，国际资本也能进入中国市场，寻找投资机会。这种资金流动的自由化将提升中国金融市场的竞争力，推动中国企业提升国际竞争力。

数字金融能够提升金融服务的效率和质量。借助大数据、云计算、人工智能等技术，数字金融可以实现更精准的风险评估、更智能的投资决策，以及提供更个性化的服务。这有助于降低金融服务成本，提高金融服务的可获得性和满意度，从而提升国内金融机构在国际市场的竞争力。

数字金融的发展进一步推动资产多样化，提升国内金融市场的吸引力。通过数字金融平台，投资者可以更加便捷地获取全球范围内的投资机会，实现资产的多元化配置。这有助于吸引更多的国际投资者进入国内市场，增加国内金融市场的流动性和活跃度。

数字金融的发展还将促进金融创新和丰富金融业态。数字金融为金融机构提供了更多的创新空间和发展机会，推动金融产品的多样化和金融服务的个性化。这有助于形成更有活力和创新性的金融市场，提升国内金融市场的国际影响力。

需要注意的是，数字金融在提升国际竞争力的同时，也面临数据安全、隐私保护、跨境监管等挑战。因此，在推动数字金融发展的过程中，需要注重风险防范和合规管理，确保数字金融健康、稳定和可持续发展。

◉ 数字金融对微观层面的影响

影响传统金融机构和业务模式

数字金融推动了金融行业和创新发展，改变了人们的金融行为和需求。数字金融对传统金融机构和业务模式的影响见表5-7。

表 5-7　数字金融对传统金融机构和业务模式的影响

影响	具体内容
出现新业务模式	数字金融带来了新的业务模式，例如电子支付、移动支付、数字银行、数字资产交易等。这些新的业务模式有效利用了互联网和移动通信技术，提供了更便捷、高效和个性化的金融服务
改善用户体验	通过移动支付、数字银行和投资平台等数字化服务，用户可以在任何时间、任何地点便捷地访问金融产品和服务
数据驱动决策和风险管理	大数据分析和人工智能技术使金融机构能够更全面地了解用户需求、优化产品设计，并提高风险管理能力；更有效地评估风险、定价产品，并做出更明智的决策

续表

影响	具体内容
提供金融包容和普惠金融	数字金融为传统金融机构难以覆盖的人群提供了金融包容和普惠金融。通过移动支付和数字银行服务，偏远地区和无银行账户的人群也能够获得金融服务
改变传统渠道和成本结构	数字金融催生出在线金融渠道，改变了传统金融机构的分支网络和人力成本结构。通过在线渠道，金融机构可以降低运营成本、提高效率，提供更优质的产品和服务
给金融监管带来挑战	数字金融推动传统金融机构的数字化转型。传统金融机构需要敏捷地应对技术和市场变化，加强与技术公司和创新型金融科技公司的合作，以更好地把握数字经济时代的发展机遇

影响个人用户和企业用户

数字金融为个人用户提供了更加便捷和个性化的金融服务，使个人用户能够随时随地享受数字服务，而无须前往传统银行分支机构。个人用户可以更方便地管理和查看财务状况，并获得个性化的金融建议和产品推荐。同时，数字金融使个人用户能够更容易地对金融产品和服务进行比较，选择最优的产品和价格。在线平台和用户评价系统提高了信息透明度，使个人用户能够更好地保护自己的权益。并且，数字金融打破了传统金融服务的地域限制，能够覆盖到以前无法获得金融服务的人群。例如，移动支付和数字银行服务使偏远地区和无银行账户的人群也能够方便地获得金融服务。

数字金融能够提供更多的数据，并利用大数据分析和人工智能技术，帮助企业用户更精准地评估风险、预测市场趋势，从而做出更准确的决策。数字金融让企业用户能够更高效地办理支付、结算和财务管理业务，降低成本，拓宽销售市场。

数字金融也带来了网络安全、隐私保护、技术依赖性等问题。需要个人用户和企业用户保持警惕，并采取适当的措施来保护个人信息和财务安全。此外，数字金融的发展还需要监管机构和金融业界的共同努力，确保金融体系的合规性和稳定性。

（四）数字金融的监管挑战与风险防范

数字金融的快速发展给金融监管带来了新挑战。由于数字金融涉及跨境支付、数字身份识别、数据隐私等问题，监管机构需要不断更新和制定相应的法规和政策，以保障金融市场的稳定和用户的权益。

随着科技的不断发展和金融业务日益数字化，数字金融领域面临着诸多挑战。从技术安全到业务创新，从用户体验到合规监管，这些挑战不仅考验着金融机构的能力，也对整个金融生态系统的稳定性和可持续发展提出了新的要求。

要求1：数据安全和隐私保护

随着金融服务的数字化，个人用户和企业用户的大量敏感数据需要进行存储和传输，例如账户信息、交易记录等。缺乏透明度和正确处理个人数据的规范可能导致用户的担忧和不满，有损用户的信任。并且黑客攻击和数据泄露的威胁不断增长，可能导致出现个人信息泄露、金融诈骗等问题。

数字金融带来的数据安全和隐私保护是一个重要且复杂的问题，保护数据安全和隐私对于用户信任和金融系统的稳定运行至关重要。因此，金融机构每年需要投入大量资源来建立安全的信息技术基础设施，以降低黑客攻击、数据泄露等风险。

数字金融的快速发展需要金融机构、监管机构和用户的共同努力，加强对数据安全和隐私保护风险的认知和防范。金融机构需要加强安全性和隐私保护的技术措施，并建立合规的数据处理和共享机制。用户也应保持警惕并采取适当的安全措施，如使用强密码、不公开个人敏感信息等。监管机构应加强监管，推动建立和完善相关法规和政策，为数字金融的发展提供强有力的保护。

要求2：金融犯罪和网络安全威胁

金融犯罪和网络安全威胁是当前数字金融环境中的严重问题。由于快速发展的技术和网络的高度连接性，金融犯罪和网络安全威胁变得越来越普遍和复杂。金融犯罪的主要方式见表5-8。主要的网络安全威胁见表5-9。

表 5-8　金融犯罪的主要方式

方式	具体内容
电子支付欺诈	利用盗取的支付信息或个人身份信息进行非法交易或欺诈活动
身份盗用	获取他人身份信息，用于非法财务活动或进行其他犯罪行为
账户窃取	入侵个人用户的或企业用户的账户，窃取资金或敏感信息
洗钱和资金黑市	将非法获取的资金合法化，通过复杂的交易和金融操作来掩盖资金来源

表 5-9　主要网络安全威胁

威胁	具体内容
钓鱼攻击	通过冒充合法实体，欺骗用户提供个人信息、账户凭证或进行非法支付
勒索软件	通过恶意软件加密用户的数据，要求用户支付赎金以解密数据

续表

威胁	具体内容
DDoS[1] 攻击	大规模发送无效请求或使用大量网络流量，使目标系统无法正常运行
零日漏洞攻击	利用未被公开的软件漏洞，以获取未经授权的访问权限并窃取敏感信息
数据泄露	未经授权地获取或公开敏感信息的行为

注 1：DDoS（Distributed Denial of Service，分布式拒绝服务）。

金融犯罪和网络安全威胁的影响包括个人和企业的财产损失、信誉受损、承担法律责任和提高时间成本等。为了应对这些威胁，金融机构和个人需要采取一系列措施，例如加强网络安全控制、开展员工培训、使用强密码和加密通信、实时监控系统日志等。

要求3：监管和法律风险

数字金融的监管和法律风险是数字金融领域面临的重要挑战。随着数字金融的快速发展，需要不断完善相关监管和法律框架，提高其适应性，以确保数字金融的稳定性和可持续发展。监管和法律风险见表5-10。

表 5-10　监管和法律风险

风险	项目	具体内容
监管挑战	新兴技术监管	数字金融涉及众多新兴风险技术,例如区块链、人工智能等,相关监管机构需要理解并适应这些新技术的运作模式和面临的风险,以便制定相应的监管政策和措施
监管挑战	跨境监管	数字金融行为往往涉及跨境交易和跨国运营，由于不同国家和地区的监管模式存在差异，跨境金融业务可能面临监管协调和合作方面的挑战

续表

风险	项目	具体内容
监管挑战	维护市场稳定	数字金融的快速发展可能会导致市场的异常波动和不稳定性，监管机构需要采取相应措施监测和维护金融市场的稳定与公平
用户数据和隐私保护	个人数据隐私	数字金融涉及大量个人数据的收集、使用和共享，监管机构需要确保适用的规范和保护机制，以保护用户的个人数据和隐私权
	用户权益保护	数字金融产品和服务对用户权益的保护提出了新的挑战，监管机构需要设立准则和规定，确保用户权益不受侵犯
合规性和合法性	反洗钱和反恐怖融资	数字金融机构需要严格遵守反洗钱和反恐怖融资法律中的监管规定，在进行用户尽职调查、交易监测等方面采取适当措施
	数字资产监管	随着加密货币和数字资产的快速发展，监管机构需要制定适当的监管框架，确保数字资产的合规性和安全性
技术安全和防范风险	网络安全	监管机构需要关注数字金融机构的网络安全控制和防御，以防止出现黑客入侵、数据泄露和恶意软件等问题
	技术风险	数字金融相关技术的不稳定性和存在的漏洞可能给系统的可靠性和运营带来风险，监管机构需要关注技术风险管理并及时修复漏洞

在应对这些风险和挑战时，监管机构需要保持与金融行业的合作和沟通，了解市场变化和技术发展，制定灵活且有效的监管政策和措施。同时，金融机构也应积极配合监管要求，加强合规能力，确保数字金融的健康发展。

要求4：技术风险和创新风险

数字金融的快速发展和技术创新带来了一些技术创新的风险。这些风险涉及数字金融的技术基础和应用，需要进行适当的管理和控制。技术风险和创新风险见表5-11。

表 5-11　技术风险和创新风险

风险	项目	具体内容
技术安全风险	网络安全	数字金融系统涉及网络和数据传输，网络攻击、数据泄露和恶意软件等都对系统的安全性构成威胁
	技术漏洞	数字金融使用的软件和系统可能存在漏洞和错误，如果不及时修复和更新，可能会被黑客利用，并进行攻击和窃取数据
数据隐私和合规风险	数据隐私	数字金融涉及大量个人和敏感数据的收集、存储和使用，如果不正确处理这些数据，可能导致隐私泄露和违反相关法律法规
	合规挑战	数字金融创新可能涉及复杂的法律和合规要求，如果未能满足这些要求，可能面临罚款、丧失许可证和声誉损害等风险
技术失控和系统故障风险	技术失控	数字金融系统和技术的运行可能出现意外的故障、错误或失控，再进一步会出现交易延迟、数据丢失或不准确等问题
	系统兼容性	数字金融涉及多个技术和系统之间的互操作性和兼容性，其中系统不匹配和错误可能导致系统崩溃或信息传递错误
创新风险	新技术不成熟	数字金融创新往往牵涉新兴的技术和模式，这些技术和模式可能尚未进行充分测试和验证，存在可靠性和稳定性的风险
	市场接受度	一些数字金融创新可能面临市场接受度的挑战，用户需求和偏好可能与新的技术解决方案不匹配，导致创新风险

在管理和应对数字金融的技术风险和创新风险时，需要提升技术团队的能力和专业知识，建立有效的风险管理框架和流程。与此同时，监管机构需要保持与技术创新同步，及时制定相关的法律法规和标准，促进数字金融的安全创新和可持续发展。

上述种种风险与挑战对我国数字金融相关政策不断创新提出要求。

2023年，中央金融工作会议提出要"做好科技金融、绿色金融、普惠金融、养老金融、数字金融五篇大文章"，明确了数字金融在整体金融发展中的重要地位。中央金融工作会议还强调了普惠金融的供给侧结构性改革和防范化解金融风险的重要性，为数字金融的发展提供了方向。国家金融监督管理总局还新设了科技监管司，以加强对金融科技和数字金融的监管。这一举措有助于确保数字金融的创新在合法合规的框架内进行，防范潜在风险。

此外，表5-12所示内容是近年来中国智慧金融行业政策汇总，供读者参考。

表 5-12　中国智慧金融行业政策汇总[1]

政策时间	政策名称	主要内容	影响因素
2017 年	《新一代人工智能发展规划》	加快人工智能在金融等领域的应用	金融科技
2018 年	《关于规范银行业金融机构跨省票据业务的通知》	规范跨省票据业务，防范金融风险	金融监管
2019 年	《金融科技（FinTech）发展规划（2019—2021 年）》	加快人工智能等技术在金融领域的应用	金融科技
2021 年	《中华人民共和国数据安全法》	保障数据安全，促进数据开发利用	数据安全
	《关于金融支持新型农业经营主体发展的意见》	提升金融服务乡村振兴效率和水平	农业金融
2022 年	《中国银保监会办公厅关于银行业保险业数字化转型的指导意见》	全面推进银行业与保险业数字化转型	金融科技
	《金融科技发展规划（2022—2025 年）》	提升普惠金融科技水平，打造健康的数字普惠金融生态	金融科技

---

[1]　资料来源：前研产业研究院。

续表

政策时间	政策名称	主要内容	影响因素
2022 年	《"十四五"数字经济发展规划》	强调要加强金融活动的全面监管，规范数字金融的有序创新	金融监管
2024 年	《"数据要素 ×"三年行动计划（2024—2026 年）》	强调了数据要素在金融服务场景中的应用，提出要提升金融服务水平，支持金融机构不同领域的数据融合应用	金融创新

数字金融的监管和风险防范也是未来我国数字金融发展的重要方向。而我国数字金融发展相关政策规范涵盖了从发展方向、创新推动到监管规范等多个方面，旨在推动数字金融的健康发展。这些政策为数字金融的未来发展提供了有力的支持和保障。

随着数字金融业务的不断创新和发展，监管部门需要加强对数字金融的监管力度，完善监管体系，防范金融风险。同时，金融机构也需要加强自身的风险管理和内部控制，确保数字金融业务稳健发展。

二 直通未来：中国数字金融的"炼金"之道

（一）中国数字金融的未来发展创新方向

数字金融正在以前所未有的速度重塑金融行业。随着大数据、云计算、人工智能、区块链等数字技术的不断突破与创新，数字金融的未来发展创新业务机会展现出前所未有的广阔前景。这不仅得益于技术进步的强大驱动力，更源于金融服务不断普及和深化的内在需求。在这个充满机遇与挑战的时代，我们应共同探寻并发掘数字金融领域的全新业务机会。

总的来说，我国数字金融的未来发展创新主要有四大方向。

方向1：紧跟政策指引，实现关键能力创新提升

金融科技创新是数字金融领域的重要特点之一，金融科技行业迈入自主创新、效能深化、提质提速新阶段。从《金融科技发展规划（2022—2025年）》中可以看出，在新阶段，政策指引下的关键能力的提升是当前金融科技创新发展的重点。政策指引下的关键能力提升见表5-13。

表 5-13 政策指引下的关键能力提升

关键能力	详细内容
夯实数字金融底座	基建升级：推动安全泛在、先进高效的金融网络、算力体系建设，优化多中心、多活架构的数据中心布局； 架构转型：构建集中式与分布式并存的双模运行体系。推进基础设施虚拟化、云化管理；系统功能平台化、标准化、模块化发展； 自主可控：合规运用开源技术，保障关键平台、关键组件、关键信息基础设施的自主研发能力
激活数据要素潜能	可信共享：运用多方安全计算、联邦学习、差分隐私、分布式账本、智能合约、共识机制等技术实现高安全、低成本数据互信互通； 数据注智：运用智能模型、系统、工具打通数据断点，重构业务模式，提升服务效能； 业技融合：建立适应敏态、稳态的全周期自动运行与数字交付模式，实现科技供给与业务需求的精准对接

续表

关键能力	详细内容
促进科技成果转化	渠道聚合：拓展线下网点智慧升级延伸服务边界，加强线上开放接口和统一数字门户建设，打造"一站式"金融服务； 场景联动：金融场景与非金融场景的交叉融合，自有业务渠道和外部合作渠道的联动赋能等； 综合治理：加强监管科技的全方位应用，构建跨部门/机构/行业联防联控体系，实现既有业务及创新行为的风险动态感知及穿透式分析

方向2：聚焦数字金融应用场景

随着大数据、云计算、人工智能等技术的不断创新，数字金融的应用场景将更加广泛，服务将更加智能化和个性化。例如，利用大数据和人工智能技术，金融机构可以更精准地评估风险、制定投资策略，为用户提供更加优质的金融服务。同时，数字金融还将推动跨境支付、供应链金融、绿色金融等领域的创新，为实体经济提供更加高效、便捷的金融支持。

数字经济的快速发展将进一步推动数字金融的深化和创新。随着数字经济在国民经济中的占比不断提升，数字金融作为数字经济的重要组成部分，将发挥更加重要的作用。数字金融将助力数字经济实现更高效、更公平，以及可持续发展，推动经济社会数字化转型。

未来数字金融与数字经济发展还将面临一系列挑战和风险，例如数据安全、隐私保护、技术风险等问题。因此，政府部门需要加强监管和规范，确保数字金融和数字经济健康、稳定、可持续发展。通过加大科技投入，积极采用人工智能、区块链、大数据等前沿技术，推动金融服务的智能化、个性化和便捷化，并建立数字化金融平台，为用户提供全方位的金融服务。技术创新和数字化转型的方向见表5-14。

表 5-14　技术创新和数字化转型的方向

方向	具体内容
金融科技生态系统建设	构建开放、合作的金融科技生态系统，吸引金融机构、科技公司和创新企业参与，促进金融服务的创新。支持金融科技创业公司，培育金融科技创新的生态环境
提升金融普惠和服务包容	加大数字金融在乡村和中西部地区的普及力度，推动金融普惠和服务包容。通过数字金融技术，为广大人民提供更加便捷、实惠的金融服务，满足不同群体的金融需求
金融监管与创新平衡	建立健全金融科技监管框架，提高监管科技化水平，平衡金融创新和风险防范的关系。加强数据安全与隐私保护，保护用户的个人信息和数据安全
国际合作与开放共赢	加强与国际金融科技领域的合作与交流，吸纳国际先进经验，共同推动数字金融的发展。积极参与全球数字金融规则制定和国际金融科技标准建设，提升中国在国际数字金融领域的影响力和竞争力
区块链技术的应用提升	深入研究区块链技术在金融领域的应用场景，包括数字货币、智能合约、供应链金融等。探索如何提升区块链技术的性能、安全性和可扩展性，解决实际应用中的技术难题
人工智能在金融风控和用户服务中的应用	研究如何利用人工智能技术进行更精确、高效的金融风控和用户服务。包括基于大数据和机器学习的风险评估模型、自动化用户服务系统等
数字身份和数字信任升级	探索数字身份认证技术，构建数字信任框架，保护用户隐私和数据安全，提升数字金融交易的可信度和安全性
金融数据分析和预测模型开发	利用大数据分析和建模技术，研究金融市场的动态变化、金融产品的市场需求等，为金融机构提供决策支持和风险管理工具

续表

方向	具体内容
构建数字金融生态系统	研究数字金融生态系统的构建和运营模式，了解不同参与方的角色和相互关系，推动金融创新和服务协同发展

方向3：加深人工智能、大数据等新技术应用

随着大数据和人工智能技术的发展，其在金融领域的广泛应用成为数字金融的重要特征之一。大数据技术可以帮助金融机构从庞杂的数据中挖掘出有价值的信息，用于风险评估、个性化推荐、反欺诈等方面。而人工智能技术可以通过机器学习和自然语言处理等方法，提高金融服务的智能化和个性化水平，例如虚拟助手、智能投顾服务等。大数据和人工智能的应用使金融服务更加精准、高效和便捷。大数据和人工智能在数字金融领域的应用见表5-15。

表5-15　大数据和人工智能在数字金融领域的应用

应用	具体内容
风险管理和反欺诈	大数据和人工智能可以帮助金融机构更好地识别和量化风险。通过分析大规模的数据，机器学习算法可以识别异常模式和风险信号，并预测潜在的风险事件。人工智能可以应用于反欺诈领域，通过分析用户交易和行为数据，检测可疑活动和欺诈行为，并提供即时的反欺诈警报
个性化营销和用户服务	利用大数据和人工智能，金融机构可以分析用户的历史交易、行为和偏好，从而提供个性化的产品推荐和定制化的营销活动。通过自然语言处理和情感分析等技术，金融机构能够更好地理解用户的需求和反馈，提供更好的用户服务
自动化交易和投资	人工智能技术可以应用于自动化交易和投资决策。机器学习算法可以分析大量的市场数据，识别投资机会，并自动执行买卖指令，以实现更高效和更精准的交易决策

续表

应用	具体内容
信用评分和贷款审批	大数据和人工智能技术在信用评分和贷款审批过程中起着关键作用。通过分析借款人的历史信用记录、收入/支出数据，机器学习算法能够更准确地评估借款人的信用风险，并提供更快速和更精确的贷款决策
欺诈检测和网络安全	大数据和人工智能在欺诈检测和网络安全方面有着重要应用。通过监测用户的交易行为和网络流量数据，机器学习算法可以快速检测并预防欺诈行为和网络攻击，提高金融系统的安全性
金融市场预测和投资组合优化	大数据和人工智能技术可以用于金融市场预测和投资组合优化。通过分析海量的市场数据、新闻和社交媒体等信息，机器学习算法能够提供更准确的市场趋势和预测，帮助投资者做出更明智的投资决策

以上列举了大数据和人工智能在数字金融领域中的一些主要应用，随着技术的不断发展和创新，它们在金融领域中的应用会继续扩大和深化。

方向4：金融大模型应用

随着深度神经网络架构应用的成熟，大模型作为汇集大规模参与复杂计算结构的机器学习模型，凭借其在自然语言处理、计算机视觉、语音识别、推荐系统等多业务导向领域的综合应用能力，逐步走向千行百业，而金融行业作为拥有丰富场景与个性化需求的核心业务领域，对于大模型应用的需求受到行业内外的普遍关注。

金融大模型作为将专业知识与大模型能力相结合的行业大模型应用体系，是通用大模型在垂直行业的有效实践。金融行业对于大模型的广泛应用将改变金融科技范式，重塑金融机构的工作模式与金融服务生态。就当前行业近况来看，金融大模型已在金融资讯、产品介绍、内容及图片文本生成、虚拟客服在线交互等方面得到实际应用，随着业务的融合与技术能力的提升，基于"大数据+大算力+强算法"的金融大模型将为更多细分的金融场景带来新技术变革。

集成数据、算法与算力的金融大模型产品将成为未来大模型在金融行业能力输出的主要方式。数字金融未来业务发展机会如图5-2所示。

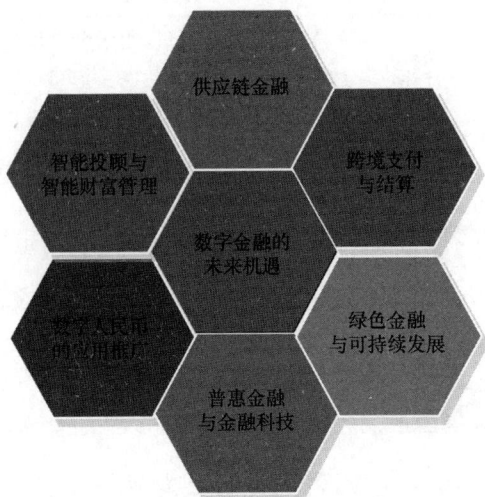

图 5-2　数字金融未来业务发展机会

基于以上创新方向，可以进一步挖掘数字金融未来的业务发展机会，具体体现在以下6个方面。

一是智能投顾与智能财富管理

随着人工智能和大数据技术的发展，智能投顾能够提供更精准、个性化的投资咨询服务，帮助投资者实现资产的有效配置和增值。此外，智能财富管理服务也可以为用户提供全方位、"一站式"的财富管理和规划服务。

二是供应链金融

供应链金融利用区块链、物联网等技术，可以实现数字化和智能化。通过实时追踪货物流转、资金流动等信息，降低融资风险，提高融资效率，为供应链上下游企业提供更加便捷、低成本的金融服务。

三是跨境支付与结算

随着全球化的深入发展，跨境支付与结算的需求日益旺盛。利用数字货币、区块链等技术，可以实现跨境支付的快速化、低成本和高效化，为国际贸易和投资提供便利。

四是绿色金融与可持续发展

随着全球对环保和可持续发展的重视，绿色金融领域将迎来巨大的发展机遇。金融机构推出绿色信贷、绿色债券等绿色金融产品，支持环保产业的发展和可持续项目的投资。

五是普惠金融与金融科技

利用金融科技手段，可以扩大金融服务的覆盖范围，降低金融服务的门槛，为更多人群提供普惠金融服务。例如，通过手机银行、移动支付等工具，为偏远地区人群提供金融服务。

六是数字人民币的应用推广

随着数字人民币的试点和推广，其应用场景将不断扩大。金融机构可以探索数字人民币在跨境支付、零售消费、公共服务等领域的应用，为用户提供更加便捷、安全的支付体验。

这些创新业务机会的实现需要金融机构具备强大的技术实力、创新能力和风险管理能力。同时，也需要遵守相关法律法规和监管要求，确保业务的合规性和稳健性。此外，随着市场环境和用户需求的变化，金融机构还需要不断调整和优化业务策略，以适应市场的变化和发展趋势。

（二）数字金融：数字技术引领的金融业场景革命

数字金融正逐步渗透并重塑着各个行业与居民的日常生活。随着技术的不断迭代与创新，数字金融的应用场景将更加广泛且深入，带来前所未有的变革与机遇。

在这场由数字技术引领的场景革命中，我们将见证金融服务与实体经济、社会生活深度融合的新篇章，共同探索数字金融在未来发展的无限可能。数字金融的主要技术如图5-3所示。

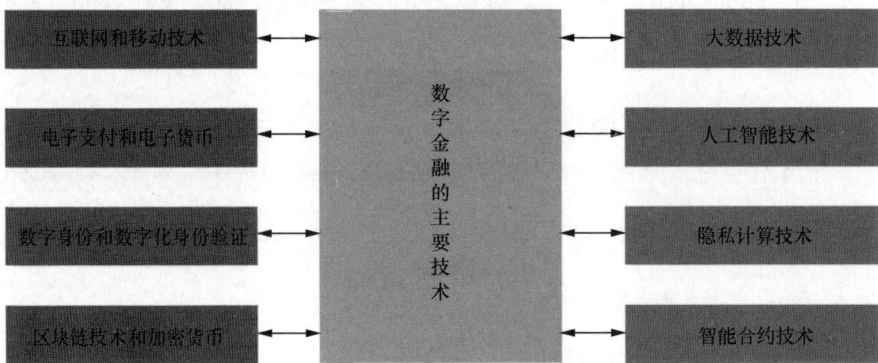

图 5-3　数字金融的主要技术

互联网和移动通信技术在数字金融中的作用

互联网和移动通信技术在数字金融中发挥着关键作用，推动了金融行业的发展和变革。互联网和移动通信技术架起了用户、金融机构和服务提供商之间的桥梁，打破了地域限制和时间限制。用户可以随时随地使用在线银行服务，进行移动支付和转账，无须前往银行分支机构。此外，互联网和移动通信技术在数字金融中起到的作用还包括以下内容，见表5-16。

表 5-16　互联网和移动通信技术在数字金融中起到的作用

作用	具体内容
提升服务效率	互联网和移动通信技术使得金融交易和服务的数字化成为可能。用户可以通过网上银行、电子支付和移动支付应用完成各种金融操作，例如转账、支付账单、购物等。数字化的金融服务提供了更高的便捷性
采集大量数据	互联网和移动通信技术使金融机构能够收集和分析大量的用户数据，从而为用户提供个性化的金融体验。通过机器学习和人工智能技术，金融机构可以根据用户的偏好和需求推荐产品、提供投资建议等
创造有利环境	互联网和移动通信技术为金融创新和创业创造了更加有利的环境。通过降低创业门槛，使金融科技创业公司能够开发和推出各种创新的金融产品和服务。通过应用互联网和移动通信技术，这些公司为用户提供了更多元化、个性化和高效的金融解决方案
提供更多机会	互联网和移动通信技术为传统金融服务难以覆盖的人群提供了金融包容和普惠金融的机会。在一些边远地区和发展中国家，移动支付和数字银行服务使居民能够获得金融服务，提高了金融包容性
优化金融服务	互联网和移动通信技术的进步使数字金融得以快速发展，优化了金融服务并提供了更广泛的金融参与机会。随着技术的不断进步和创新，互联网和移动通信技术在数字金融中的作用还将继续扩大

电子支付和电子货币在数字金融中的作用

电子支付和电子货币是数字金融领域最显著的形式之一。随着智能手机的普及和移动互联网的快速发展，用户可以通过手机轻松进行支付。同时，移动支付还催生了一系列衍生服务，例如第三方支付平台、电子钱包等。电子支付和移动金融的特点是便捷、快速和安全，极大地提升了支付和金融服务的效率，推动了消费者行为和商业模式的变革。

电子支付和电子货币是数字金融领域中非常重要的概念，它们正在迅速改变着人们的支付方式和货币使用方式。电子支付通过使用电子设备和网络进行支付交易，取代传统的纸质货币和实物交易，提供了更快速、方便和安全的支付方式。电子支付包括使用手机、电子钱包、支付应用程序、电子借记卡、信用卡等进行线上和线下消费支付。电子支付的应用已经广泛普及，例如支付宝、微信支付、Apple Pay等，它们允许用户通过手机和其他电子设备支付。

电子货币是一种以数字形式存在的货币，它不像传统的纸币和硬币实体化，而是完全基于电子设备和网络进行交易。电子货币是数字金融中新兴的支付方式，由加密算法进行安全加密，确保交易的安全性和匿名性。

电子支付和电子货币的应用带来了许多好处，包括方便快速的支付方式、消除交易的地域限制、降低交易成本、提高支付的安全性等。然而，其也面临着一些挑战和风险，例如安全性、技术规范和监管等方面的问题。因此，适当的监管和技术发展是推动电子支付和电子货币发展的关键因素。

数字身份和数字化身份验证在数字金融中的作用

在数字金融领域中，数字身份和数字化身份验证是确保用户身份真实性和保护个人信息安全的关键。

数字身份是指个人在数字环境中的身份识别和验证方式。它是个人在数字交互中的电子表示，包括个人信息、账户信息、交易信息等。数字身份可以通过注册的账户和凭证来识别，例如用户名、电子邮箱、手机号码等。数字身份是进行数字交互和数字金融业务的基础，能够确保个人信息和数据的安全性和隐私性。

数字化身份验证是通过技术手段来验证用户身份的真实性和授权权限。它能确保只有合法经授权的用户可以访问和使用数字服务和金融产品。数字化身份验证通常采用多种方式，包括密码、生物识别技术（例如指纹识别、面部识别、虹膜扫描等）、二步验证（例如手机验证码、硬件令牌等）、公钥基础设施等。数字化身份验证技术的发展和应用使得用户能够更加方便、安全地进行各种数字金融交易，例如在线银行、电子支付、网上购物等。

数字身份和数字化身份验证在数字金融领域中扮演着非常重要的角色。它们不仅有助于确保用户身份真实性和数据安全，也有助于打击欺诈、降低风险和保护用户权益。然而，数字身份和数字化身份验证也面临一些挑战，例如信息泄露、身份窃取和技术攻击等问题。因此，安全性和隐私保护是数字身份和数字化身份验证发展的重点领域。

区块链技术和加密货币在数字金融中的作用

区块链技术和加密货币是数字金融领域中的两个重要概念，它们相互关联且相互影响。

区块链技术是一种"去中心化"的分布式数据库技术，通过将数据记录在一个不易篡改的链式结构中，以确保数据的安全性、透明性和可信度。区块链技术通过"去中心化"的共识算法，使参与者之间达成共识，避免了单一机构或中介的需求。区块链技术的应用涵盖了多个领域，包括金融领域的跨境支付、证券交易和智能合约，以及供应链管理、数字身份验证和电子选举等领域。

加密货币是基于区块链技术的数字货币，它使用密码学和区块链技术保证交易的安全性、匿名性和不易篡改性。每种加密货币都有其特定的用途和特点。

区块链技术和加密货币的应用和影响很广泛。加密货币提供了一种新的数字支付方式，允许用户在去除中介的情况下直接进行点对点交易。区块链技术为跨境支付和跨境交易提供了更高效、便捷和安全的解决方案。对于金融行业而言，区块链技术提供了一种"去中心化"和透明化的方式来管理资产、进行证券交易和实现智能合约。

加密货币和区块链技术也面临着一些挑战和问题，例如监管不完善、价值波动、能源消耗等。加密货币和区块链技术仍然是相对较新的领域，在发展过程中仍面临许多技术、政策法规和市场的问题。因此，它们的应用和影响仍在不断演变和发展。

大数据技术在数字金融中的应用

大数据技术在数字金融领域的应用广泛且深入，在精准营销方面，通过对用户数据的分析，金融机构能够了解用户的消费喜好、购买习惯等信息，从而为用户提供更加个性化的产品和服务。这种精准化的营销策略不仅增强了用户黏性，还提高了用户满意度。此外，大数据技术还可应用于产品推荐，通过分析用户的历史消费数据，金融机构可以向用户推荐符合其兴趣和需求的产品，从而提升产品销量和提高市场份额。

在风险管理方面，金融机构需要对各种风险进行评估和管理，包括市场风险、信用风险和操作风险等。通过对数据的分析和挖掘，金融机构可以更好地识别和评估潜在的风险，并采取相应的措施来降低风险。例如，通过分析用户的信用记录和交易行为，银行可以评估用户的信用风险，并相应地调整贷款利率和额度。

在智能客服与提升用户体验方面，金融机构可以利用大数据技术建立智能客服系统，通过自然语言处理和机器学习技术，实现更智能、更高效的用户服务。用户可以通过智能助手获取实时信息、解决问题，从而提升用户体验感和满意度。

大数据技术与区块链技术的结合，为数字资产的管理、交易和结算提供了更高效、更透明的解决方案。这不仅提高了交易的安全性，也为金融机构带来了更多创新的可能性。

人工智能技术在数字金融中的应用

人工智能技术在数字金融领域的应用十分广泛，为金融行业带来了显著的效率提升和创新动力，人工智能技术在数字金融的应用见表5-17。

表 5-17　人工智能技术在数字金融的应用 [1]

类别	落地场景	应用方面	技术支持
银行业	信贷、反欺诈、反洗钱、关联分析	信贷风险评估、反洗钱检测、关联分析	机器学习、知识图谱、大数据、人工智能
证券业	异常交易行为、违规账户侦测	智能投顾系统、投资决策支持	人工智能、区块链、云计算、大数据
保险业	风险定价、反欺诈、智能理赔	风险定价优化、反欺诈策略、快速理赔	人工智能、云计算、大数据
智能风控	账户检测、反欺诈	自动化催收过程	人工智能技术

1　资料来源：iResearch 前瞻产业研究院整理。

类别	落地场景	应用方面	技术支持
智能营销	用户特征分析、产品推荐	多维度信息数据采集、用户画像分析，个性化推荐	大数据、机器学习、推荐引擎
智能投研	整合研报数据、撰写研报、投资意见	金融投资研究、决策、交易与风控支持	人工智能、区块链、云计算、大数据
身份识别	远程在线开户、支付认证、身份验证	人脸识别、语音识别、指纹识别	计算机视觉、智能语音技术、生物识别技术
智能客服	售前咨询、售后服务、投诉处理	24小时在线客服、统计分析、信息提供	大规模知识处理技术、自然语言理解技术、知识管理技术、推理技术
智能保险	产品营销、风险精算与定价、反欺诈系统	风险定价、快速理赔解决方案	人工智能、云计算、大数据
智能监管	金融机构和上市企业监管	人工智能结合政府数据进行监管	人工智能数据、监管机构数据
智能投顾	C端金融产品零售、投资组合推荐	基于量化投资策略推荐、自动风控和授权调仓	算法分析、投资组合理论

随着技术的不断进步，深度学习、区块链和量子计算等新技术为人工智能技术在数字金融领域的应用开辟新的可能性。例如，深度学习能够处理复杂的数据，区块链技术提高了安全和透明度来加强欺诈检测和预防，而量子计算则有望为金融交易提供更高效的计算方式。人工智能技术在数字金融领域的应用不仅提高了金融服务的效率和质量，还为金融机构带来了更多的创新机会和发展空间。"人工智能+金融行业"落地场景见表5-18。

表 5-18 "人工智能 + 金融行业"落地场景

场景	具体内容
智能投资决策	通过机器学习和大数据分析，人工智能系统能够精准地分析金融市场的海量数据，识别出趋势、模式和交易机会。有助于制定更加科学的投资策略，提高投资组合的回报率
智能客服与数字助理	人工智能技术可以构建智能客服系统，根据用户提出的问题进行语音和文本分析，实现自动解答，并将问题传递给相应的人员，从而提升用户服务的效率。数字助理可以为用户提供财务辅导和咨询服务，帮助他们浏览财务计划，节省支出，同时发送个性化提醒，例如"即将到期的健康福利"或"您的孩子将很快获得福利"等
风险管理与欺诈检测	人工智能技术能够根据历史数据创建用户的配置文件，并实时监控交易，以识别和预警可能的欺诈活动。通过机器学习技术，人工智能可以预测用户的信用评级，对市场情报进行自动化处理和分析，从而建立智能化预警和风险感知系统
高频交易与量化投资	人工智能技术通过深度学习和算法优化，使高频交易更加智能化和高效。同时，它也为量化投资提供了更加准确和自适应的模型构建能力
交易搜索和可视化	聊天机器人可以应用于银行业务，专注于搜索任务，处理请求并显示结果，使交易过程更便捷

隐私计算技术在数字金融中的应用

隐私计算技术在数字金融领域的应用具有重要意义。隐私计算的主要目标是在保护数据本身不对外泄露的前提下实现数据分析计算，以达到数据"可用不可见"的目的。这种技术有助于在充分保护数据和隐私安全的前提下，实现数据价值的转化和释放。

在数字金融领域，隐私计算技术被广泛应用于多个方面。隐私计算可以帮助金融机构将自身和外部数据进行联合分析，从而有效识别信用等级，降低多头信贷、欺诈等风险。这种技术有助于信贷及保险等金融产品的精准定价。隐私计算技术还促进了多方数据的共享融合，有助于提高金融机构的反洗钱甄别能力。在联合风控方面，隐私计算技术可以实现跨机构间数据价值的联合挖掘，更好地分析用户的综合情况，交叉验证交易的真实性，从而降低欺诈风险，综合提升风控能力。

在营销环节，隐私计算技术也发挥了重要的作用。通过应用隐私计算技术，金融机构可以利用更多维度的数据绘制更精准的用户画像，从而提升精准营销的效果。

目前，隐私计算技术已经落地解决了诸多数据应用和数据安全的问题，特别是在银行、保险等金融机构的风控场景中得到了广泛应用。随着隐私计算技术的发展和普及，隐私计算有望成为促进数据要素跨域流通和应用的核心技术之一。

隐私计算技术也面临着一些挑战和问题，例如，如何确保数据的准确性和完整性，如何平衡数据隐私保护和数据分析的需求等。因此，在实际应用中，需要综合考虑技术、法律和伦理等多方面的因素，确保隐私计算技术的合规性和有效性。

隐私计算技术在数字金融领域的应用具有广阔的前景和潜力，有助于提升金融服务的质量和效率，同时保护用户的隐私和数据的安全。

智能合约技术在数字金融中的应用

智能合约技术在数字金融领域的应用日益广泛，为金融行业的多个方面带来了深刻变革。智能合约在支付和结算领域的应用显著提高了交易的效率和安全性。通过智能合约，金融机构可以基于预设条件自动执行支付和结算操作流程，避免了传统支付结算方式中烦琐的手动操作流程。同时，智能合约的透明性和不可篡改性保证了交易过程的公正性和可信度，降低了交易风险。

智能合约在保险领域的应用也取得了显著成果。智能合约可以根据保险合同的条款自动执行索赔和付款操作，提高了保险业务的处理速度，减少了商业纠纷。此外，智能合约还可以结合物联网技术，实时监测被保险物的状态，一旦触发理赔条件，智能合约将自动执行赔付操作，极大地提升了保险服务的智能化水平。

智能合约在供应链金融领域的应用也日益受到关注。通过智能合约，供应链主体可以基于预设条件自动执行支付和交收操作，简化了传统供应链金融中的烦琐流程，提高了供应链的透明度和效率。智能合约的不可篡改性还有助于解决供应链中的信任问题，降低了交易风险。

智能合约还在数字货币发行与交易、电子合同、股权众筹等领域得到了广泛应用。通过智能合约，数字货币的发行和交易可以实现自动化和"去中心化"，提高了交易的效率和安全性。电子合同则可以利用智能合约实现自动验证和执行，避免了合同违约等风险。股权众筹也可以通过智能合约实现自动分配股权和资金，降低众筹项目的风险。

智能合约技术在数字金融领域的应用也面临一些挑战。例如，智能合约的编写和执行需要高超的技术能力和丰富的专业知识，一旦出现编写错误或存在漏洞，可能导致严重的经济损失。此外，智能合约的监管和法律框架尚不完善，需要进一步加强监管和规范。

智能合约技术在数字金融领域的应用具有广阔的前景和潜力。随着技术的不断进步和完善，智能合约将为金融行业带来更多的创新机会和发展空间。

未来，场景革命下的数字金融将以更加多元、智能、个性化的方式，深度融入并推动各行各业的发展。无论是金融服务与实体经济的深度融合，还是社会生活各方面的全面渗透，数字金融都将持续发挥其创新引领作用，为构建更加智慧、高效、绿色的经济体系贡献力量。我们有理由相信，在不久的将来，数字金融将成为推动社会进步与发展的重要力量，助力开启一个全新的金融服务时代。

（三）六大创新路径：基于未来发展趋势的"炼金"之道

在这个充满机遇与挑战的新时代，我们如何把握数字金融的发展趋势，探索出一条直通未来的"炼金"之道是值得探讨的问题。

◉ 走向炼金之道的六大创新路径

下文将围绕以下六大创新路径，深入探讨中国数字金融语境下的独特机遇与发展策略。

路径1：数字技术和数据要素双轮驱动，数字金融加快创新步伐

数字技术和数据要素作为数字金融创新的两大核心驱动力，正在推动着金融行业的快速发展与深刻变革。

数字技术，例如人工智能、大数据、区块链、云计算等，为数字金融提供了强大的技术支撑。这些技术的应用使得金融服务效率大幅提升，同时也为金融机构提供了更广阔的创新空间。例如，人工智能技术可以应用于智能投顾、智能风控等领域，提升金融服务的智能化水平；大数据技术则可以用于用户画像、精准营销等方面，提高金融服务的个性化和精准性；区块链技术则可以应用于跨境支付、供应链金融等领域，实现金融服务的"去中心化"和安全化。

数据要素作为数字金融的核心资源，正在成为金融机构之间竞争的关键。随着数据资产的不断积累，金融机构可以更加深入地了解用户的需求和行为，从而提供更加精准的服务。同时，通过对数据的分析和挖掘，金融机构还可以发现新的业务机会和风险点，为业务创新提供有力的支持。

数字技术和数据要素的双轮驱动，使得数字金融的创新步伐不断加快。一方面，金融机构通过应用新技术和挖掘数据价值，不断推出新的金融产品和服务，满足用户的多元化需求；另一方面，数字金融的创新也在推动着金融行业的转型升级，提升金融行业的竞争力和服务水平。

数字技术和数据要素的双轮驱动是数字金融创新的重要动力。随着技术的不断进步和数据的不断积累，数字金融将呈现更加广阔的发展前景和更加丰富的创新成果。

路径2：数字金融与实体经济深度融合

数字金融与实体经济的深度融合，正成为支撑产业数字化转型的重要力量。这种融合不仅推动了金融服务的创新，还促进了实体经济的升级和发展。

一方面，数字金融的发展为实体经济提供了更加便捷、高效的金融服务。通过应用数字技术，金融机构能够更精准地把握市场需求，提供更个性化的金融产品和服务。例如，基于大数据和人工智能技术的智能风控系统，能够更准确地评估企业的信用状况，降低融资门槛，解决中小企业融资难的问题。同时，数字金融也推动了支付方式的革新，移动支付、数字货币等新型支付方式的出现，为实体经济提供了更加便捷的支付结算服务。

另一方面，实体经济的数字化转型也为数字金融提供了更广阔的应用场景。随着产业的数字化转型，越来越多的企业开始利用数字技术优化生产流程、提高管理效率、拓展销售渠道。在这个过程中，金融机构提供数字化金融服务，帮助企业实现更高效、更安全的资金管理和运营。例如，供应链金融、区块链融资等新型金融模式，能够更好地满足企业在数字化转型过程中的融资需求。

数字金融与实体经济的深度融合，还体现在促进产业创新、优化资源配置等方面。通过数字技术，金融机构可以更好地了解产业的发展趋势和市场需求，为产业创新提供资金支持和金融服务。同时，数字技术也能够优化资源配置，提高资本使用效率，推动产业结构的升级和优化。

路径3：产业金融与消费金融协同推进

当产业金融与消费金融协同推进时，可以形成强大的合力，推动形成"科技—产业—金融"的良性循环。这种协同作用有助于实现资源的优化配置，提升科技创新的效率和产业转型升级的速度，进而促进整个经济体系的健康发展。

产业金融是依托并能够有效促进特定产业发展的金融活动总称。它通过提供资本支持、优化资源配置等方式，为产业发展提供强有力的支撑。在科技创新的过程中，产业金融可以发挥关键作用，为科技创新提供必要的资金支持和风险管理服务，推动科技成果的转化和应用。

路径4：金融业态和模式更加绿色化

金融业态和模式的绿色化是应对全球气候变化、实现可持续发展的重要途径。随着全球更加重视环保和可持续发展，金融行业作为经济发展的重要引擎，正积极向绿色化转型。完善多层次绿色金融产品和市场体系，是推动金融业态和模式绿色化的关键举措。

绿色金融产品和服务的创新是绿色金融体系的核心。这包括绿色信贷、绿色债券、绿色保险、绿色基金等多种金融产品，它们旨在引导资金流向环保、节能、清洁能源等领域，支持绿色项目的投资和发展。同时，金融机构也积极开发绿色衍生品、绿色债券指数等新型金融工具，为投资者提供更多元化的绿色投资选择。

多层次金融市场的构建有助于满足不同类型、不同风险偏好投资者的需求。通过创新绿色金融产品和服务、构建多层次金融市场、加强政策引导和市场培育等措施，可以推动金融业态和模式的绿色化进程，为实现可持续发展做出积极贡献。

路径5：数字人民币应用加速推广与应用

近年来，数字人民币的应用推广正在加速进行，其应用场景也在不断扩大。目前，数字人民币已在批发零售、餐饮文旅、教育医疗、公共服务等多个领域形成一批涵盖线上线下、可复制可推广的应用模式。

数字人民币具有高效、安全、便捷的特点，有助于推动支付方式的革新。例如，用户只需要在数字人民币App上利用"贴一贴"功能关联并激活硬件钱包，便可轻松实现安全便捷的全新消费体验。此外，数字人民币还可以满足相关人员在园区内的消费、上下班打卡、出入门禁、电梯梯控等多种需求，实现线上线下无缝衔接。通过扩大应用场景、加强政策支持和金融机构参与、注重创新和技术研发等措施，可以进一步推动数字人民币的普及和应用，为经济发展和社会进步提供有力支持。

路径6：金融机构加快组织体系数字化步伐

金融机构加快组织体系数字化步伐，逐步建立金融监管科技创新体系，是金融行业发展的必然趋势。随着数字技术的迅猛发展和广泛应用，金融机构正面临着前所未有的机遇和挑战。通过加快组织体系数字化步伐，金融机构能够提升运营效率、优化用户体验、增强风险控制能力，进而在激烈的市场竞争中立于不败之地。

金融机构组织体系数字化的核心在于利用数字技术重构业务流程、组织架构和管理模式。这包括推动数据驱动的业务决策、建立数字化风控体系、提升用户服务水平等方面。通过数字化手段，金融机构可以更加精准地把握市场需求，提高决策效率和风险管理水平，为用户提供更加便捷、高效、个性化的金融服务。

◉ 中数通智慧银行实践

某省银行分行与中数通合作的智慧银行项目，分行公司部、个金部、网金部、科技部、内控部等共同参与了该项目的需求分析。

该项目于2019年6月开始启动试用，历经6个月试运行取得良好效果，通过验收并开始在全行推广，覆盖该省18个分支行及200多个网点，为8000名营销人员及高层领导提供智能服务，成为该银行数字化转型的标杆。

该项目通过智慧金融大数据平台整合电信运营商的数据、银行的数据、工商的数据和互联网的数据资源，通过大数据分析、大数据建模等技术，沉淀用户的产品偏向与兴趣爱好，收集底层数据建立用户画像指标体系，构建"千人千面"的精准营销模型，进一步预警用户流失，实现业务环节的数据化全覆盖，并且可以有针对性地开展营销推广活动，使商业银行可以与用户进行最直接和有效的互动，提升用户的幸福感，解决银行获客、活客、留客等难题，提升商业银行的经济效益。

通过本项目在该银行系统内的影响力，可以在该银行体系内快速向外复制，以点带面，全面铺开，进而依托该成功案例和服务优势打造金融科技服务行业的影响力。

本项目通过大数据应用在该省银行分行的具体业务场景中，使得银行业务效率整体提升30%。同时，通过行业数据的应用开发，数据运营支撑该省银行普惠金融业务场景，打通银行与企业间、部门与部门间的信息壁垒，实现数据开放共享，响应国家普惠金融服务的政策要求，提升银行普惠金融业务水平，提升社会公众的获得感。

同时也沉淀了大量银行内外部数据融合的能力，形成数据标准，包括标准数据标签、标准数据模型、标准应用场景等，能够直接供同行业、同场景的用户使用，帮助用户解决业务难题。除了能为银行企业提供智能化服务，本项目也适用于其他有智能化转型、移动化转型的企业。未来，中数通将通过持续挖掘、提升、优化其在各行业的应用价值，以大数据应用服务能力的产品形态面向其他行业推广，为金融行业用户解决大数据应用的难题。

第六章

智慧考务：
数字时代的考务新模式

　　智慧考务是教育考试领域的一次重大革新，它利用新一代信息技术，特别是人工智能技术，来优化考试流程、提高考试效率、保障考试安全、提升考试质量。本章将深入探讨智慧考务在实现考试流程的精细化控制和维护考场公平公正方面的重要作用。从智能技术模型的引入到传统考试模式的革新，再到人工智能大模型下的考试新形态，智慧考务正逐步展现出强大的变革力量。

　　本章将介绍考务业务发展的4个关键转变，以及自动化组考方案的落地实施；剖析人机交互模型在考试中的应用，以及人工智能大模型如何促进考试形态的深刻变革，并探索其在考务场景中的广泛应用与面临的挑战；展望智慧考务的未来，探讨如何实现管理智能化与服务人性化的双重目标，以及如何通过打通信息渠道、全流程辅助工作人员、实现人工智能加持的考巡一体化，实现智慧考务的可持续发展。

一 数字技术加速考试数字化转型

（一）考试数字化现状及建设情况

从作为生产要素之一的数据角度看，教育评价的本质是数据的采集、分析，以及结果呈现，因此，需要通过国家教育考试综合管理平台的建设，配齐、配足国家教育考试标准化考点，充分利用数字技术采集、处理、分析数据，形成过程及呈现结果信息，这就要求我们要进一步加大数字技术与传统考试管理模式的深度融合，提升国家教育考试决策的科学化和精准化水平，举办高质量的考试，开展科学有效的教育评价。

2014年，《国务院关于深化考试招生制度改革的实施意见》发布，标志新一轮考试招生制度改革的全面启动，对推进考试招生制度改革提出了明确的路线图和时间表。2017年，教育部考试中心发布《国家教育考试综合管理平台建设指南》和《国家教育考试网上巡查系统视频标准技术规范（2017版）》，统筹推进国家教育考试综合管理平台的建设工作，着力解决网上巡查系统升级改造的标准问题，并确定了国家、省两级建设，国家、省、地市、区县、考点五级使用的思路。

从2018年开始，北京、天津等14个省（自治区、直辖市）积极开展教育考试综合管理平台试点工作，2021年4月，教育部办公厅发布《关于全面开展国家教育考试综合管理平台建设工作的通知》，要求各省在2021年启动教育考试综合管理平台建设，到2025年建设完成：要配齐、配足国家教育考试标准化考点；积极推动身份认证、试卷跟踪和作弊防控等功能建设；统筹建设考试基础数据库和决策指挥系统。

中数通参与了某省考试考务综合管理平台的全流程建设，包括考务网络建设、云资源租用、考务综合管理平台开发、省网上巡查系统升级、视频云会议、安全、运维保障、服务保障及短信服务九大项建设内容。在试卷跟踪方面，对运卷车的设备实施全面监控，运卷过程全覆盖，运卷任务零事故；考务指令实行全省统一智能制作播放，大幅提升效率，节省支出；考务视频会议延伸到考点，考务指挥联动；高考、研究生入学考试等关键考试考巡结合，实现了精准化管理和高效响应，做到"指哪打哪"，接入交通、气象、舆情数据，辅助指挥决策。中数通以标准化考点信息系统全面融合为支撑，以网络安全和数据标准为保障，基本建成数据广泛应用、考务全面覆盖、考情实时掌握、决策即时高效的省考试考务综合管理平台，实现考务全流程、全方位、全要素的一体化管理与指挥。

某省考试考务综合管理平台建设框架如图6-1所示。

中数通自2019年开始持续支撑省级国家教育考试工作，并取得了以下两点成效。

成效1：标准化考点建设不断深化

标准化考点是教育考试管理部门针对国家教育考试制度，为保障考试公正、高效、安全而建设的标准化考试场所。标准化考点作为考务综合管理的末梢，是所有考试业务发生和数据汇聚的基础。

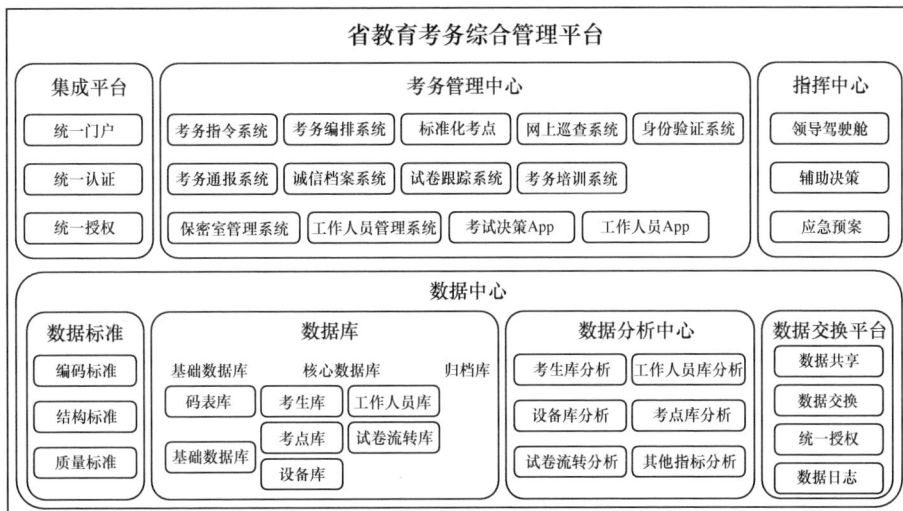

图 6-1　某省考试考务综合管理平台建设框架

标准化考点主要由若干考场和考试工作所需的办公室等组成，包括考场、保密室、考务工作室、医疗室、保卫室、指挥室、网上巡查监控室等。标准化考点应具备以下条件。

- 必要的应急通信设备，如网络、手机、固定电话、传真机等，可发布统一考试指令的设备（如校园广播系统）。

- 考生身份识别设备及随身携带物品的检查措施，例如金属探测器。

- 信号阻断设备，如无线信号侦测器、屏蔽器等。

- 配备符合《国家教育考试网上巡查系统视频标准技术规范（2017版）》的网上巡查设备，并能通过网络将图像传送至上级教育考试机构。

- 考点场地必须符合建设部门对有关建筑的要求。

- 保密室必须设置符合规定的措施，并通过24小时不间断电子巡查录像保证试卷的安全。

- 建立网上巡查、视频会议、身份识别、作弊防控、试卷跟踪和安检门等基础系统。

- 建立一套标准化考试的管理规范和管理流程。

- 配备规范的考试管理和服务队伍。

某省考试过程的子系统及设备构成如图6-2所示。

成效2：考试考务综合管理平台建设成果显著

按照教育部的部署和要求，在标准化考点建设的基础上，搭建全省（自治区、直辖市）考试考务综合管理平台，考务信息化实现跨越式发展。

身份识别、网上巡查、作弊防控、试卷跟踪、决策指挥和基础数据库建设等工作取得了明显成效，部分省市已经初步建成数据广泛应用、考务全面覆盖、考情实时掌握、决策即时高效的省级考试考务综合管理平台，有力维护了教育考试的公平和公正。

河南、广东、湖南等地搭建考试专网，为考务数据的采集和实时上传提供了安全可靠的传输通道；陕西实现省级考务数据共享、系统互联，鼓励下级考务机构利用数据实现业务创新，例如标准化考点的可视化指挥应用等；辽宁利用考务专网把网上巡查视频上云存储，使用视频分析技术识别疑似作弊行为，提升考试的公平性；还有一些省将物联网、5G、视频分析等技术应用于试卷跟踪环节，实现考试试题运送、保管和交接等环节的可追溯……各省在考务领域开展各种有益尝试，探索考务综合管理从信息化向数字化转型升级的路径。

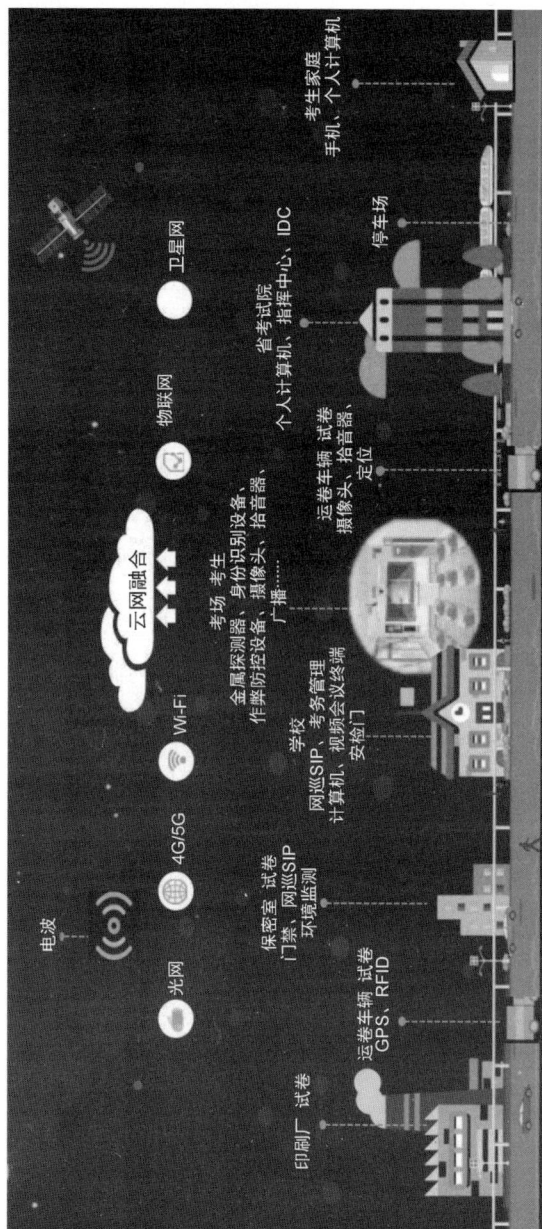

图 6-2 某省考试过程的子系统及设备构成

总体来说，经过多年的建设和考试改革的推行，现行的考试管理理念和手段还不能很好地适应教育考试发展所带来的新变化和新要求，例如，考务指挥绝大部分没有延伸到考场末端，系统整合融合不到位，智能化应用不足，安全体系建设相对滞后，数据利用面窄，对考务基层业务辅助偏弱等。

除省级平台外，一些地市为解决地市考试招生信息化工作"烟囱林立"的情况，根据实际需要上线地市级考务平台，除承接省平台数据及能力外，重点实现了地市级考务的统一业务贯穿，整合原有的业务系统，实现相关部门的业务联动，有效开展基础考务数据治理和数据分析。总体来说，我们应持续推动智慧考务的建设，加快开展"互联网+考试服务"，进一步探索和完善考生服务和考务人员辅助等场景化功能，深入挖掘各类教育考试招生数据的价值，解决考点建设和业务应用中存在的实际问题。

（二）化繁为简：考务业务发展的4个转变

在数字化浪潮的推动下，我国考务业务正经历着一场深刻的变革，逐步迈向智能化、无纸化的全新阶段，以适应新时代教育发展和人才培养的多元化需求。

任何新技术从诞生到应用和转化都要经历一定的过程，在这一过程中，考务业务的转变尤为显著，其中，无论是调整考试评价标准还是考试形式的变化，其转变都是为了更好地适应教育环境的变化和学生发展的需求。考务业务主要有以下4个转变。

转变1：考试评价标准动态化

随着教育目标和教育方法的创新，考试评价标准从静态向多维度、长时间的综合评价转变，以适应教育环境的变化，满足多元化人才培养的需求。

转变2：考试形式多元化

考试形式随教育目标更新和技术发展而演变，从单一笔试向人机交互考试演进。多元化的考试形式能够适应动态考试评价的要求，确保考试的公平性。

转变3：考试场所服务化

标准化考点的建设推动考试信息化变革，并服务于多种考试，提高考试组织管理的水平。随着考务综合管理理念的推广，标准化考点业务单元呈现"组件"化趋势，提升了社会效能。

转变4：考务管理服务化

考务管理从行政管理向专业化服务与管理并举转变，从孤立型管理向集约统筹分布式管理转变。这一转变增强了数字化建设的紧迫性，开展"互联网+考试服务"，为考务工作人员、考生、家长等建立统一用户中心，丰富了移动端功能，提升了考试过程管理、成绩查询和证书申领便利度，推进了国家教育考试治理体系和治理能力现代化。

考务业务的转变体现出教育智能化发展的必然趋势，也回应了新时代教育和人才培养的多元化需求。从考试评价标准动态化，到考试形式多元化，再到考试场所及考务管理的服务化，每一个转变都标志着考务业务的进步和创新。

这些转变不仅提升了考试的科学性和公平性，也为学生提供了更加全面、个性化的发展机会。未来，随着技术的不断发展和教育理念的持续更新，考务业务必将迎来更多的变革与创新，为构建更加公平、高效的教育考试体系贡献力量。但无论如何转变，教育系统应以"应用为主、服务至上、简洁高效、安全运行"为总体要求，坚定推进国家教育数字化战略行动。

二　人工智能大模型下的考试新形态

（一）人工智能大模型的应用促进考试评价标准变革

随着技术的不断发展，人工智能大模型在教育领域的应用越来越广泛，特别是在考试和评估方面。云计算、互联网、元宇宙、大数据等技术的应用，一般是从教、学、评、用这4个方面分别赋能，而人工智能大模型对教育结构的底层逻辑产生了深远的影响，例如，GPT的运用，改变了教、学、评、用的模式，重塑了教育体系。未来的考试将不再是单一的静态评价方式，而是贯穿教育全过程，成为促进学生全面发展、激发学生创新潜能的重要工具。

◉ 人工智能大模型的应用对考试的影响

受考试组织资源的限制，传统的考试方式往往存在标准化和"一刀切"的问题，人工智能大模型的引入为考试带来了革命性变化。通过多模态数据的深度学习和自然语言处理技术，机器能够理解复杂的人类语言和行为，为每个考生提供定制化的考试体验。此外，人工智能大模型还能大幅提高考试内容的生成效率，降低考试组织的门槛，支持考试评价标准从静态向动态演进。人工智能大模型的应用对考试的影响见表6-1。

表 6-1　人工智能大模型的应用对考试的影响

影响	具体内容
优化考试内容	个性化：根据学生背景、能力和兴趣生成考试题目，动态调整难度，确保考试内容既具挑战性又公平合理； 多样化：支持开发开放式问题、情景模拟等创新题型，全面评估学生的分析能力和综合素质
重塑考试形式	智能出题与组卷：快速生成高质量试题，跨学科整合知识点，提高组卷效率，减轻教师负担； 高效阅卷：利用光学字符阅读器、自然语言处理等技术，人工智能大模型实现快速、准确的在线评分，提升阅卷的效率与准确性
高效运用考试结果	即时反馈与多维评估：考生即时获得成绩报告与改进建议，教师依据多维度数据分析来调整教学模式； 精准匹配：基于考试数据为考生提供个性化的学习资源，促进教育资源精准匹配
升级考试过程管理	监考方式变革：结合视频分析与行为识别技术，人工智能大模型实现全过程、全范围监考，提升考试的安全性与公平性

随着人工智能技术的不断发展，我们可以预见，人工智能大模型将在考试内容的设计评估和考务管理过程中发挥越来越重要的作用。未来的考试将不仅仅是知识的检验，更是学生综合能力的展现和教育创新的体现，人工智能大模型为考试形成的多元化提供了技术支撑，优化了考试过程的管理和组织，使考试不再受限于统一的场所和时间。

◉ 人工智能大模型开启智能教育新时代

命题工作是考试的核心环节之一，关系到考试的公平性、科学性和有效性。然而，传统的命题方式需要耗费大量的人力和物力，且效率低下、主观性强。人工智能大模型凭借强大的数据处理和分析能力，为命题及与考务相关工作带来变化。

场景1：赋能考试命题

人工智能大模型在辅助考试命题方面有多种应用方式，详见表6-2。这些应用方式不仅提高了命题的效率和准确性，还增强了考试的公平性和科学性。未来，人工智能大模型在命题领域的应用将更加广泛和深入，为考试的创新发展提供强有力的支持。

表 6-2　人工智能大模型辅助考试命题的应用方式

应用方式	具体内容
自动生成试题	人工智能大模型能够根据教育大纲、学科知识点、历年试题等大量数据，自动生成符合考试要求和教学目标的试题，提高命题效率，确保试题的多样性和新颖性
个性化命题	通过对考生平时成绩、学习习惯、知识点掌握情况等学习数据的分析，人工智能大模型能够为不同能力的考生生成适合其水平的试题，实现个性化命题
命题质量评估	人工智能大模型可以对命题的质量进行评估，包括试题的难度、区分度、覆盖率等关键指标，识别出更有效的试题类型和未覆盖的知识点，提高试题的整体质量
试题推荐与优化	根据考试的整体难度、知识点分布，人工智能大模型可以推荐补充试题或优化现有试题，确保考试内容的全面性和合理性
适应性与动态调整	在使用计算机进行的考试中，人工智能大模型可以根据考生的实时作答情况动态调整试题难度，确保每位考生在考试过程中都面临适度的挑战，从而更准确地评估考生的能力

目前，国外一些国家在人工智能大模型辅助命题方面已有一些成功案例。例如，美国的教育机构利用人工智能大模型为学生提供个性化练习题；

澳大利亚的公司开发了基于人工智能大模型的试题生成系统，用于辅助教师命题。

近年来，我国也在人工智能大模型辅助命题方面进行了积极尝试。例如，某些省在高考、中考等大型考试中开始采用人工智能大模型辅助命题，并取得了较好的效果；某些教育机构基于人工智能大模型开发可以根据教学大纲、历年试题等数据，自动生成符合考试要求试题的系统，并应用于日常教学和考试中；中国科学院自动化研究所与某企业合作，开展人工智能大模型辅助命题的研究，利用人工智能大模型分析历年试题和教学大纲等数据，为教师提供命题建议和优化方案。

场景2：赋能监考

2024年4月，教育部发布《关于积极推进高考考场实时智能巡查和保密室实时智能巡检工作的通知》，提出升级完善标准化考点，依托网上巡查系统，利用人工智能技术分析考试违规和异常行为，实现考场情况、考生违规行为实时报警及保密室风险预警等。目标是打造一个集监控、预警、分析、响应、记录和改进于一体的"六位一体"高科技作弊防控体系，为考试安全提供全面的保障，确保考试的安全性和公平性。

现阶段，国家教育考试标准化考点中的视频监控系统建设已经趋于成熟，以某省高考为例，根据现行监考规则，除现场要求配备3名监考人员执行监考职责以外，每4个考场还需要配备1名视频监考员。但当前以人工为主的监考模式存在人力、时间投入大，监考效率低，主观判断因素强，以及事后回溯追查困难等问题。

从2024年高考来看，部分省份已经率先采用了人工智能实时巡查系统。例如，某省在2024年高考中启用了该系统，利用智能识别技术，成功覆盖了90%以上的考点，单场考试单考场能识别1～10个异常行为并发出告警。人工智能实时巡查系统通过图像和视频数据可实时检测考场的异常行为，提升了监考效率。该系统能够识别考生或监考员的异常行为，并立即发出告警，包括异常行为的类型、发生的考场及具体时间，并提交给视频监考员进行人工判断。

在考试场景中，利用人工智能分析算法对考生、监考员、考务合规性动作等进行智能分析识别，辅助监考工作高效无误开展。接入考场的视频监控终端，对实时视频流进行抽帧解码，再通过深度学习算法识别异常行为。若识别出异常行为，系统则会抽取前后8～20s的短视频，并将异常图片、短视频和对应的异常信息呈现给视频审核员判定。若存在违规情况，系统将及时通知现场主考或巡考人员进行验证，并将确认的可疑行为及时报告给现场监考人员进行处理和反馈。人工智能实时巡查系统包含管理端和分析端，并结合考务数据上墙展示，使各级考务管理机构一目了然。

从现有的应用架构来看，人工智能实时巡查系统的分析能力已经可以在云端完成，未来该技术可进一步应用至更多类型考试，甚至可以摆脱固定场所的监考局限。无论怎样应用和改进，在推广和应用人工智能大模型时，都需要充分考虑其优缺点和适用场景，确保其能够真正为考试过程的管理模式带来实质性的改进和提升。

（二）人工智能大模型应用于考试的挑战

人工智能大模型以其强大的数据处理能力和深度学习能力，在教育评估和考试管理中展现出巨大的潜力。它的引入在为提高考试的公平性、效率和安全性提供了新的解决方案的同时，也带来了技术、法律等一系列挑战。其中，考试的数据安全和考试的公平性需要重点考虑。

◉ 确保考试数据的准确和公平性

考试数据包括试卷内容、阅卷过程、考生个人信息及成绩等，具有极高的敏感性和保密性。一旦这些数据被泄露，不仅侵犯了考生的隐私，还可能会影响考试的公平性和公信力。使用人工智能大模型后，考试的过程与计算机系统的关联度更高，因此需要重视来自外部、内部和数据传输的风险。

- **外部风险**：黑客攻击、恶意软件等技术攻击手段可能威胁考试数据的安全。

- **内部风险**：因内部人员的不当操作或故意泄露而出现的数据安全问题。

- **数据传输风险**：在数据的收集、存储、处理等过程中，都可能存在安全风险隐患。

对于以上潜在数据安全风险，可以通过数据隐私保护、身份验证与权限管理、加强防御机制，以及审计与验证等方式保障考试的安全性，详见表6-3。

表 6-3　保障考试安全性的方式

方式	具体内容
数据隐私保护	使用数据加密技术保护考试过程中涉及的敏感信息，如考生身份信息、试题内容等，确保数据在传输和存储过程中不被非法访问或泄露。对收集的考生数据进行脱敏处理，减少数据泄露的风险。在处理和分析考试数据时，采用匿名化或去标识化的技术，减少数据泄露的风险
身份验证与权限管理	对考生身份进行多重验证。利用人脸识别、指纹识别等技术，确保只有经过验证的考生才能参加考试。对参与考试过程，且负责操作的工作人员，设置严格的访问权限，确保只有经过授权的人员才能访问和操作考试系统
加强防御机制	部署高效的入侵检测系统，实时监控考试系统，及时发现并应对潜在的入侵威胁。采用反恶意代码技术，检测和防御恶意软件的攻击，确保考试系统稳定运行
审计与验证	定期对人工智能大模型进行审计与验证，确保其安全性和健壮性。检查模型是否存在漏洞和潜在风险，并及时修复和更新模型。通过模拟攻击和应急事件，锻炼开发者和考试管理人员的应对能力

　　这些方式共同构成一个多层次的安全防护体系，有效应对各种潜在的数据安全风险，确保考试公正、公平、顺利进行。

◉ 确保考试的公平性和严谨性

　　人工智能大模型在考试领域的应用也引发了一系列关于考试公平性、严谨性的讨论。在微观操作层面，需要解决算法的误导性、偏见性和不透明性问题，特别是在辅助命题、个性化推荐、智能组卷、智能评分和评价反馈等关键环节。虽然利用人工智能技术生成试卷和评估考生答案已非难事，但真正的挑战在于人工智能大模型是否具有确保试卷的有效性和对考生能力进行精确评估的能力。

目前，一些智能组卷系统生成的试卷与教师的期望存在较大差距，未能满足既定的评估标准，这就需要教师进行人工调整以纠正智能算法的缺陷。因此，确保命题、组卷、个性化推荐和评分，以及考务组织过程等的准确性是实现考试智能化的前提条件，缺乏这一点，智能化本身也就失去了其价值。

基于人工智能大模型的系统理论上具备高度的准确性和可靠性，但作为黑盒模型，我们难以解释人工智能大模型内部的决策过程，可能导致考生质疑考试结果。此外，在面对新颖的试题或答题方式时，人工智能大模型泛化能力不足可能无法准确识别和评分。

未来，在考试领域，通过不断迭代和优化人工智能大模型，提高其泛化能力和准确性，可以有效应对这些挑战，这包括使用先进的算法减少误差和避免误判，记录数据集的收集、清洗和预处理的过程，确保数据质量和代表性等。同时，随着考试垂直领域人工智能大模型的不断诞生及试点应用的调优，相信会逐渐弥补当前的不确定性缺陷。

三　从传统模式到人机交互的革新

（一）人机交互将成为未来考试的主要形式

随着高考、中考改革后，学业水平测试、英语口语考试的重要性不断上升，如何确保其公平公正，又不给考生和出卷人增加过多的负担，人机交互型考试成为解决问题的重要手段。

全国部分省已经开始在高中学业水平考试中启用机考：南昌市高中学业水平考试所有科目已全部实行机考；上海市高中学业水平考试除语数外以外，其余6门科目已全部实行机考；湖北省高中学业水平考试中的信息技术、通用技术、艺术（或音乐、美术）科目也已采用机考形式进行。

同时，我国已有7个省（直辖市）明确提出在中考英语科目中加入口试，11个省鼓励有条件的地市在中考中开展英语听说考试，并采用人机对话的方式进行。另外，3个地市已经在高考中加入了英语听说人机对话测试。

随着国家考试招生改革的实施，以及信息化产品为考试带来的便捷、公平性保障，人机交互型考试将被运用到更多的考试类型中。人机交互将成为未来考试的主要形式，同时带来新的建设需求。

人机交互是一门研究系统与用户之间交互关系的学问。系统可以是各种各样的机器，也可以是计算机化的系统和软件。人机交互界面通常是指用户可见的部分，用户通过人机交互界面与系统交流，并进行操作。人机交互技术是计算机用户界面设计中重要的组成内容，它与认知学、人机工程学和心理学等学科领域有着密切的联系，具体包括触控交互、声控交互、动作交互、眼动交互、虚拟现实输入、多模式交互，以及智能交互等。

回望人机交互的发展史，是从人适应计算机到计算机不断地适应人的发展史，交互的信息也由精确的输入/输出信息变成非精确的输入/输出信息。随着网络的普及和无线通信技术的发展，人们的需求不再局限于界面美学形式的创新，用户更希望在使用智能终端的同时，智能终端有更便捷、更符合他们的使用习惯，同时又具备比较美观的操作界面。在过去的几十年间，人机交互界面经历了从命令行界面到图形用户界面两个主要发展阶段的演变；近年来，人机交互界面的发展越来越强调交互的自然性，即用户的交互行为与其生理和认知的习惯相吻合，随之出现的主要交互界面形式为触摸交互界面和三维交互界面。

而随着交互界面的演变，交互的自然性逐渐提高，但由于交互接口尺寸的限制和触觉等反馈信道的受限，输入的精度和交互效率反而逐渐降低。这种交互自然性和高效性之间的制约关系，成为人机交互研究中的难题，如何在两者之间实现兼顾和平衡，是具有重要理论和实践意义的研究问题。

未来，随着技术的持续创新和用户需求的不断变化，人机交互界面将继续朝着更加自然、高效、用户友好的方向发展。在这个过程中，如何找到交互自然性与高效性之间的最佳平衡点，将是人机交互领域持续探索的重要课题，也是推动该领域不断前行的关键动力。

（二）人机交互应用场景探索

今天，人机交互技术正以前所未有的速度渗透到我们生活的方方面面，为智慧考务带来了前所未有的变革与创新，不断拓展着应用的边界，重塑着考试方式和评分模式。

场景1：智能化考试管理与监控

智能化考试管理与监控见表6-4。

表6-4　智能化考试管理与监控

应用	具体内容
自动化排考系统	利用先进的算法和人机交互界面，自动化排考系统能够基于教室容量、考试时间、考试科目等条件，快速、准确地完成考场编排和座位分配。根据统计，自动化排考系统与传统人工排考相比，能够节省约50%的时间和人力成本，同时减少人为错误
智能监考系统	通过高清摄像头、人脸识别技术，智能监考系统能够实时监控考场内考生的一举一动，有效减少作弊行为的发生，提高考试的公平性和准确性。该系统的行为分析技术可以识别异常行为，例如交头接耳、传递物品等，并自动发出警告，辅助监考人员及时采取措施

场景2：智能阅卷与评分

智能阅卷与评分见表6-5。

表6-5　智能阅卷与评分

应用	具体内容
自动化阅卷系统	自动化阅卷系统采用光学字符识别技术，能够快速、准确地识别考生答卷上的文字信息，并进行评分。对于客观题，系统能够实现100%的自动评分；对于主观题，系统也能通过自然语言处理技术进行初步评分，减轻教师阅卷的负担。据统计，自动化阅卷系统能够提高阅卷效率约30%，同时降低评分的误差率
多模态评分系统	多模态评分系统支持文字、图像、音频等多种形式的答卷评分，满足不同科目的评分需求。例如，在英语作文评分中，系统可以结合文本和语音输入，对作文的语言流畅度、语法准确性等进行评价
评分异常系统	评分异常系统通过算法检测异常答题情况（例如全选同一选项、答案雷同等），提示人工复核，确保评分的公正性和准确性。对于系统无法准确评判或存在争议的异常情况，系统会将其标记，通过人机交互接口，提交人工复核，允许进行必要的干预和调整

场景3：个性化学习支持

个性化学习支持见表6-6。

表6-6　个性化学习支持

应用	具体内容
学习行为分析系统	通过多模态交互，学习行为分析系统可以收集学习者的学习行为数据，包括学习时间、学习进度、学习成效，以及学习过程中的语音、表情和动作等。根据学习需求，系统能够动态调整学习内容的呈现方式、难度和顺序，为学习者规划个性化的学习路径
交互式学习体验	根据用户的交互行为进行自适应学习，逐渐了解用户的习惯和需求，提供个性化的交互服务，提供文本、图像、音频、视频等多种交互方式，满足用户的不同学习需求，提升学习的趣味性和互动性
沉浸式学习	结合虚拟现实、增强现实等技术，多模态交互可以创造沉浸式的学习环境，使学习者仿佛置身于真实的学习场景中，提升学习效果
智能助教	构建智能助教角色，通过语音、图像等方式与学习者进行互动，解答疑问、指导学习

广东省是全国第一批将实验操作纳入中考升学考试的试点省，自2021年起，广州市、清远市、梅州市、惠州市等多个地市启动中考理化生实验操作考试系统建设，是当前全国首个具有12万级以上以先考后评方式完成考试且计入中考成绩的案例。

智能识别与评估：该系统利用人工智能技术，通过摄像头等设备实时采集考生的实验操作画面。系统能够智能识别考生的实验步骤、操作手法等，并基于预设的评分标准给出即时的操作反馈。这种即时的反馈机制，使考生能够及时了解自己的操作是否正确，及时调整和改正。

动态评分：该系统根据考生的实时操作情况，动态地给出评分，使考生能够直观地看到自己的得分情况。这种动态评分方式，不仅提高了评分的公平性和准确性，还激发了考生的学习积极性和竞争意识。

界面友好：该系统采用触控屏幕作为主要的交互界面，提供直观、简洁的操作界面。考生可以通过触控屏幕查看实验指导视频、操作指南和实验步骤等内容，实现与系统的互动。

互动练习：该系统提供互动练习功能，考生可以在触控屏幕上进行实验操作模拟练习。系统会根据考生的操作情况给出相应的反馈和指导，帮助考生提高实验操作的技能。

理化生实验操作考试系统通过实时操作反馈、触控屏幕互动、个性化学习资源推荐，以及在线答疑与指导等方式，充分体现了人机交互应用的优势。这些功能不仅提高了实验教学的效率和质量，还为考生提供了更加便捷、高效、个性化的学习体验。

人机交互技术在智慧考务领域的应用，不仅减轻了工作人员的负担，提升了考试管理的效率，实现了考试全过程的智能化管理，还通过实时监控和数据分析，有效防止了作弊行为的发生，确保了考试的公正性和公平性。中数通期待在未来看到更多创新的人机交互技术在智慧考务领域得到应用和推广，为教育事业的健康发展贡献更多的力量。

四　考务服务管理升级

（一）标准化考点自动化组考

基于标准化考点的重要性，我国亟须标准化考点管理自动化、智慧化，为考试治理能力现代化提供了新思路、新方法和新路径。标准化考点的资源实现"组件化"的业务封装，需要通过考点数字化转型，形成以学校为单元的考试资源自动化组考服务能力。

考点自动化组考是在考点工作计划为主线的基础上，实现考点考务工作内容全覆盖，组考全流程贯穿，统一规范考点的组考工作流程。考点自动化组考实现了对考务设备运行情况的实时监控，且可以将设备设置与考务工作人员编排一键触发，实现考务指挥到考场末端，考生流与试卷流全程监控等功能。

此外，基础硬件平台、基础软件平台和业务应用平台的搭建，可以实现考试数据信息自动化收集、处理与分析，全面构建可视化的考试运行管理监控系统，有效提高考试数据的精确性和实时性，同时减轻人工管理的负担，推进考务管理的规范化和数字化。这样对不同的考试组织都能提供统一的服务能力，实现不同层级管理考试负责单位的考务过程管理目标，为对外提供第三方标准的组考自动化服务。

◉ 自动化组考应用探索

标准化考点一开始主要服务于高考，通过高考改革慢慢延伸至中考、学业水平考试，随着考务综合管理理念的推广，人事考试、专业资格考试、职业资格认证考试等都需要使用标准化考点的场所，甚至把标准化考点的各系统（如身份验证、作弊防控、网巡等）纳入考务管理过程，提升考试操作规范化，以实现考试过程的阳光化和精细化管理。我国现存规模最大的标准化考点是服务于高考、中考的各类学校，因此不同的考试都在不断重复使用这些场所，把标准化考点涉及的业务单元"组件化"，以服务形式被各类型考试使用，应用于其考务过程，实现自动化组考能够极大提升整体社会效能，减少反复投资。

同时将考试服务与日常教育、其他考试类型结合，充分利用标准化考点的各项设备和能力，提供更便捷、高效的"标准化"考试服务。自动化组考还可以完善网巡机制，实现考试前考场的一键编排、考试中100%视频调阅和"指哪打哪"功能、考试后OSD[1]水印"一键还原"，提高考务巡查指挥的效率和准确性。另外，通过智能化手段掌握设备运行状况、记录系统异常情况和其他安全事件，为各类问题提供高效的解决方案，是推动标准化考点可持续性使用和管理的保障。

◉ 自动化组考关键环节

实现标准化考点的自动化管理与组考服务，将考点日常考务人力和设备资源、考务场所统一纳管。自动化组考的关键环节见表6-7。

表 6-7　自动化组考的关键环节

关键环节	具体内容
梳理业务清单	对考试业务进行梳理，明确各个环节的业务内容和流程。例如，考试报名、考场编排、试卷流转、考试实施等考试前后环节
匹配业务模型	建立相应的业务模型，包括数据结构、流程图、业务逻辑等。通过业务模型，可以清晰地了解各个环节之间的关系和交互方式，为后续的规则引擎配置提供基础
可配置业务规则	形成相应可配置的业务规则，根据不同的业务场景和需求，自动执行相应的操作。例如，根据考试计划、考试科目、考试时间、考点考场信息和考生信息，自动安排考场等

1　OSD（On Screen Display）通过显示在屏幕上的功能菜单达到调整各项参数的目的。

续表

关键环节	具体内容
设置规则引擎	规则引擎根据不同的规则条件和触发条件，可以自动执行相应的操作。例如，当考生提交试卷时，规则引擎可以自动判断其是否符合考试要求，例如是否迟到、是否缺考等
设置模板引擎	模板引擎根据不同的业务场景和需求，生成相应的操作界面，例如考试通知、考场编排、考试公告等
组考工作业务模型	组考工作业务模型可分为考试通用性规则业务模型和与考试类型和考试业务管理相关的个性化规则业务模型。考试通用性规则业务模型，纳入自动化设备和技术的应用，例如视频调阅、语音识别、图像识别等；与考试类型和考务业务管理相关的个性化规则需要预留可配置的灵活性，确保自动化组考能够被不同的对象调用

● 自动化组考工作业务模型

标准化考点自动化组考工作业务模型可分为以下7个部分，如图6-3所示。可以对模型中灰色业务模块实现组考业务一键处理，开展自动化服务。

标准化考点自动化组考方案实施可以有效提高设备的管理效率和维护质量，降低人工操作的风险和成本，主要效果有以下3个方面。

第一，数字化转型可以将标准化考点的各项设备进行统一管理，通过智能化手段掌握设备运行状况、记录系统异常情况及其他安全事件，为各类问题提供高效的解决方案。

第二，结合自动化设备和技术，实现自动化组考。考试前，通过考场一键编排的方式，可以将考试科目、时间、考生信息等数据自动导入考务系统。考试中，通过视频调阅和"指哪打哪"功能，可以实现对考试过程的实时监控和干预，确保考试结果的公平性和准确性，同时大幅提升了考点侧考务工作人员的工作效率。

图 6-3 标准化考点自动化组考业务模型

第三，形成学校独立运行的"组件化"标准化考点服务能力，为校内日常教学、各类型考试调用提供基于标准化考点的管理标准，又适应于各类考试管理的自动化组考服务，实现考试场所服务化转型，一举多得。

（二）考务管理"放管服"改革

考务管理正在从监管向服务转变，在转变过程中，一个重要的节点就是考务管理的"放管服"改革。

2015年5月12日，国务院召开全国推进简政放权放管结合职能转变工作电视电话会议，正式提出了"放管服"这一改革理念，旨在推动政府职能转变。

具体来说，"放"即简政放权，通过下放行政权力给基层更多的自主权，取消不必要的审批，降低市场准入门槛，减少政府对市场的干预，让市场在资源配置中起决定性作用；"管"即创新监管方式，强化依法监管职能，厘清监管责任，促进市场公平竞争；"服"则是坚持以人民为中心，推动管理型政府向服务型政府转变，营造便利环境，不断增强人民群众的获得感、幸福感。

"放管服"改革的目的在于为就业创业降门槛，为各类市场主体减负担，为激发有效投资拓空间，为公平营商创条件，为群众办事生活增便利。这些措施旨在实现政府职能的转变，提高政府服务效率和质量，进一步推动国家治理体系和治理能力现代化。

《国务院办公厅关于印发第十次全国深化"放管服"改革电视电话会议重点任务分工方案的通知》中指出，加快开展"互联网+考试服务"，建立中国教育考试网统一用户中心，丰富和完善移动端功能，实行考试信息主动推送，进一步提升考试成绩查询和证书申领便利度。

简单来说，考务管理中的"放管服"改革，是针对传统考务管理模式中存在的手续烦琐、监管不力、服务不到位等问题而提出的一项系统性改革措施。以下是关于考务管理"放管服"的具体阐述。

"放"在考务管理中的体现

简化报名流程：通过简化报名系统，减少不必要的报名材料和步骤，让考生能够更加快速地完成报名。

下放管理权限：将部分考务管理权限下放到基层单位或考试机构，增强其自主性和灵活性，提高考务管理效率。

放宽考试条件：在确保考试质量和公平性的前提下，适当放宽考试条件，例如年龄、学历等，以吸引更多人才参加考试。

"管"在考务管理中的强化

加强监管力度：建立健全考务管理监管机制，加强对考试组织、实施、评分等环节的监督，确保考试公平公正。

提升管理水平：通过培训、交流等方式，提高考务管理人员的业务水平和管理能力，确保考务管理工作的规范化和专业化。

强化信息安全：加强考试信息的安全管理水平，防止信息被泄露和篡改，保障考生和考试的合法权益。

"服"在考务管理中的优化

提供优质服务：建立考生服务中心，为考生提供咨询、查询、申诉等"一站式"服务，解决考生在考试过程中遇到的问题。

加强信息公开：及时发布考试信息、政策解读等内容，提高考试的透明度和公信力，让考生能够及时了解考试动态。

关注考生需求：积极听取考生的意见和建议，不断改进考务管理工作，满足考生的合理需求，提升考生的满意度。

总的来说，考务管理中的"放管服"改革是一项系统性、全面性的改革措施，旨在通过简化流程、加强监管、优化服务等方式，提高考务管理的效率和质量，为考生提供更加便捷、公平、优质的人事考试服务。

（三）考务全流程管理，反作用于教育过程

◉ 数字化加持考务全流程管理

国家教育考试综合管理平台覆盖考试全战线、业务全链条、数据全周期，坚持以"需求牵引、应用为王、服务至上"的原则组织建设，在当前建设成效的基础上，以开放的视角为考生和考务工作人员提供服务，挖掘高价值的应用场景。

从参与考试过程的角色看，服务群体分为两大类：考生和考务工作人员，两个对象对考试服务的关注点存在明显差异。考生关注的是从考试报名到录取的相关信息能够及时准确获取，期望能够得到更贴合其实际情况的建议。考务工作人员负责考试组织、支撑、管理等工作，因为不同层级、不同类型工作内容不同，所需要的数字化支撑需求更加多元化，但主要集中在获取辅助工具，提高工作效率，提升决策精准度。

针对考务服务应用场景，本节选取了考务过程中网络视频巡查这项关键工作来阐述，在技术的加持下，如何进一步提升效率，保障公平公正？而当考务数据沉淀到综合管理平台后，又如何运用反作用于教育过程，实现服务闭环，促进教育事业整体提升？这都离不开数字技术的加持。

◉ 考务数据反作用于教育过程

近年来，教育部积极推进教育数字化战略，明确将智慧考务列为工作重

点，旨在通过需求牵引、深化融合、创新赋能和应用驱动，加速"互联网+教育"的发展，推动教育的数字化转型和智能化升级。这一战略要求加强新型教育基础设施建设，优化教育资源服务供给，完善国家教育治理公共服务平台和基础教育综合管理服务平台，进而提升数据治理、政务服务和协同监管的能力。同时，教育部强调数据挖掘与分析的重要性，以构建基于数据的教育治理新模式。

在此背景下，数字技术，尤其是人工智能大模型在考务全流程中的应用显得尤为重要。它能够收集并分析海量的考试数据，为教师提供关于学生整体表现和学习趋势等数据。这些数据不仅有助于改进教学方法和课程设计，还能优化教育资源的分配模式，从而全面提升教学质量。

考务数据反作用于教育过程是一个关键环节，通过对考试数据的收集、分析和应用，可以为教育过程提供有益的反馈和指导。考务数据反作用于教育过程的主要方式和效果见表6-8。

表 6-8　考务数据反作用于教育过程的主要方式和效果

主要方式	效果
辅助教育决策	考试数据作为决策的重要依据，可帮助学校制订教育计划，助力教育机构更科学地制定教育政策，实现资源的优化配置。先进的数据分析技术可以提取关键变量进行深入分析，使教育决策者能够更准确地评估学生表现，发现潜在问题，并为教学提供更科学的依据
了解学生群体状况	考试数据分析技术能够直观地展示学生的个体特点和整体表现，帮助教师深入了解学生的学习方法和需求，从而制订更加个性化的教学方案。同时，通过分析学生群体的具体表现形式，可以进一步了解学生的文化背景、真实需求和心理偏好，为优化教学质量和促进学校发展提供有力支持

续表

主要方式	效果
改进教学方法和策略	通过分析考务数据，教师可以准确发现学生在特定知识点或技能上的薄弱环节，从而有针对性地调整教学方法和策略，提高教学效果。例如，教师可以根据学生的答题情况，调整课堂讲解的重点和难点，或采用更加适合学生的教学方式，以激发学生的学习兴趣和主动性
促进教师专业发展	考务数据的分析过程需要一定的专业知识和技能，这为教师提供了提升专业素养和能力的机会。学校可以建立专业发展机制，例如设立奖励机制，鼓励教师积极参与考务数据分析和教研活动，推动教师之间的合作和交流，共同提升教学能力
建立反馈机制	通过定期收集和分析考务数据，学校可以建立一个有效的反馈机制，及时将学生的学习情况和教师的教学效果反馈给相关人员。这有助于教师及时调整教学策略和方法，提高教学质量；同时也有助于学校了解整体教育状况，制订更加合理的教育计划

考务数据反作用于教育过程是一个复杂而重要的任务。它需要教师、学校和政府机构的共同努力，建立有效的数据收集、分析和应用机制，为教育过程提供有益的反馈和指导，推动教育质量的不断提升。

下面从参与考试过程的角色来分别看数字技术是如何实现全流程考务综合管理的。

服务考生

数字技术通过适应性测试、智能推荐与资源整合等多个方面为考生提供全面且深入的服务，这些服务不仅提高了考生的学习效率和学习效果，还为他们带来了更加便捷、高效和个性化的学习体验。人工智能技术加持考务系统为考生提供的服务见表6-9。

表6-9　人工智能技术加持考务系统为考生提供的服务

服务事项	具体内容
智能推荐	人工智能技术可以根据考生的学习需求和兴趣偏好，智能推荐相关的学习资源和学习工具。这些资源包括在线课程、学习资料、学习社群等，有助于考生拓宽学习渠道、丰富学习体验
资源整合	通过人工智能技术对各类学习资源进行整合和优化，为考生提供"一站式"的学习解决方案。这种资源整合不仅节省了考生查找资料的时间，还提高了学习资源的利用效率
适应性测试	人工智能技术能够根据考生的答题情况，智能调整测试的难度和题型，确保测试内容始终符合考生的实际水平。这种适应性测试有助于考生更好地了解自己的学习状况，为正式考试做好准备
志愿填报辅助	在考试结束后，大数据分析技术可以为考生提供志愿填报的辅助服务。通过分析考生的成绩、兴趣、专业倾向等因素，结合人工智能技术可以为考生智能推荐适合的院校和专业，帮助考生做出更加合理的选择
心理健康监测	人工智能技术通过分析考生的行为数据和语言信息，可以监测其心理健康状况，一旦发现考生存在焦虑、抑郁等负面情绪，人工智能技术可以及时提供心理支持和干预措施
无障碍考试服务	为残障考生提供定制化的考试系统和设备（例如盲文显示器、语音导航）。开发兼容多种无障碍设备的考试平台，确保所有考生公平参与考试

服务工作人员

数字化考务系统为考务工作人员提供从考前、考中到考后的全流程服务，提高考务工作的效率和质量。该系统不仅减轻了考务人员的工作负担，还确保了考试的公平性和公正性，为考生带来了更加优质的考试体验。考前阶段的服务见表6-10。

表 6-10　考前阶段的服务

服务事项	具体内容
智能编排	根据考试的规模、科目、场地等资源，自动完成考场编排和座位分配，避免了传统人工排考可能出现的错误和疏漏，提高了排考的准确性和效率
智能题库	建立智能题库，包含多种题型和难度级别，方便考务人员根据需求生成试卷
随机组卷	系统可根据设定的参数随机抽取试题生成试卷，保证考试的公正性和科学性

考中阶段的服务见表6-11。

表 6-11　考中阶段的服务

服务事项	具体内容
智能监考	人工智能技术结合视频监控技术，实现实时智能巡查。系统能够自动识别考场内的违规行为，例如作弊、交头接耳等，并发出预警信号。这不仅提高了监考的准确性，还减轻了监考人员的压力
身份验证与防作弊	通过人脸识别、身份证验证等技术，系统能够在考前和考中快速验证考生身份，防止替考等作弊行为的发生。这确保了考试的公平性和公正性

考后阶段的服务见表6-12。

表 6-12　考后阶段的服务

服务事项	具体内容
智能阅卷	对于客观题部分，智能考务系统能够实现自动化阅卷和评分，并快速准确地给出分数。对于主观题部分，系统也能提供辅助阅卷和评分建议，帮助阅卷人员提高阅卷效率和准确性
成绩分析	系统能够自动统计和分析考试成绩，生成详细的成绩报告和数据分析图表。这有助于考务工作人员了解考试的整体情况，为后续的考试改进和决策提供支持

服务事项	具体内容
考试评估	大数据和人工智能等技术提供考试反馈和评估服务。通过对考试数据的分析，系统可以评估考试的难度、区分度等指标，为未来的考试命题和考务工作提供参考
安全监控	除了实时监控考场内的违规行为，系统还能对考试环境进行全方位的安全监控，例如非法的网络攻击、设备故障等，及时发现并预警潜在的安全风险

在人工智能大模型的赋能下，正逐步展现考试新形态的广阔图景。从考前的准备、考中的监控到考后的分析，数字技术的深度融入不仅优化了考务管理的每一个环节，更以其强大的数据处理与分析能力，为教育过程提供了宝贵的反馈与指导。因此，智慧考务不仅是技术革新的体现，更是教育理念与实践深刻变革的先声，预示着一个更加公平、高效、个性化的教育新时代的到来。

第七章

智能软件：
从技术革新到多元化发展

　　软件行业是一个综合领域，软件行业的企业包括为各行各业提供技术支持和服务的所有企业。这些企业提供的服务包括系统集成、云计算服务、软件和硬件支持、网络服务、咨询服务，以及定制化的技术服务。软件行业的核心使命在于赋能其他企业和组织，通过技术的应用来提高效率，降低成本，实现战略目标。

　　软件行业作为软件产业的关键构成，根据市场服务阶段的不同，可以将市场分为前市场和后市场两大类。前市场服务软件项目的起始阶段，包括需求分析、解决方案设计和实施等环节，涵盖项目策划、商业咨询、系统设计、软件开发、硬件采购及系统集成等。而后市场的服务聚焦于软件系统的运营、维护和支持，以及备件供应和软件资产管理等方面，旨在保障软件的正常运行和持续优化。

一 软件行业的演进

（一）软件行业经历的5个时代

回望过去，软件行业的路径依赖正在消退，创新思维正在蓬勃生长；那些曾经遥不可及的趋势，如数字化转型、AI、云计算等，逐渐与每个人的日常生活息息相关，数字化转型已成为迈向未来的必由之路。

软件行业的历史发展可以追溯到计算机科技的初期，随着科技的进步，它的形式和范围在不断地变化和发展。

计算机初期（1950—1970年）

在这一时期，软件行业处于起步阶段，主要聚焦于大型计算机和主机系统的软件开发及硬件维护。此时，计算机技术主要应用于科研领域，商业应用较为有限。计算机体积庞大、能耗高、运算速度慢且价格昂贵，维修起来也非常复杂。随着晶体管和集成电路技术的发展，计算机性能得到大幅提升，体积减小，能耗降低，可靠性提高，推动了软件行业向更多应用场景拓展。在此阶段，软件开发者需要具备深厚的专业知识和丰富的实践经验。

个人计算机时代（1980—1990年）

个人计算机的普及标志着软件行业进入了一个新的发展阶段。软件产品化进程加速，进入了单机时代。个人计算机软件种类迅速增长，包括办公软件、游戏、教育软件等多种应用。大家熟知的Windows操作系统、Office办公软件、甲骨文数据库等，都诞生于这一时期。甲骨文被认为是全球第一家独立运营的软件企业，而微软开创了软件付费模式。各行业的需求催生了大量专业软件，如计算机辅助设计（CAD）、音乐视频播放器等。软件产业从此成为一个独立的经济部门，逐渐改变了"硬件为主"的局面。

个人计算机的普及让软件从专业领域走入寻常百姓家，极大地丰富了软件的种类和功能，推动了软件技术的进步和产业的发展。

互联网时代（1990—2000年）

互联网的诞生对软件行业产生了深远的影响，软件的运行环境从单机扩展到网络，软件产品以信息交互和网络应用为主。网页浏览器、电子邮件、社交媒体、搜索引擎、防火墙、网络游戏等新型软件产品迅速普及，为人们打开了通向网络世界的大门。

传统单机软件也开始推出互联网版本，如服务器操作系统、分布式数据库等，软件即服务（SaaS）成为软件交付的重要方式，逐渐形成基于互联网应用的软件生态。这一时期，许多知名的跨国企业涌现，如谷歌、亚马逊、微软等，国内的新浪、搜狐、网易、百度、腾讯、阿里巴巴等企业也迅速崛起。软件产业的发展水平成为衡量一个国家信息产业发展水平和综合竞争力的重要指标。

移动互联网时代（2000—2010年）

智能手机的普及和网络信息基础设施的升级带来了移动互联网的爆发，基于云计算和大数据技术的软件蓬勃发展，移动App成为新的软件形态，广泛受到用户的欢迎。社交、导航、支付、打车、购物、视频、音乐等各种类型的移动App让生活变得更加便捷、高效。

移动互联网时代的特点是用户主导、移动化、社交化和碎片化。消费者的选择权增加，信息更加透明。

我国抓住了移动互联网的发展机遇，实现了3G追赶、4G并跑、5G领跑的历史性跨越，培育了华为、阿里巴巴、腾讯等一批具有国际竞争力的企业，以及美团、字节跳动等新兴企业。

企业需要在技术创新、战略布局和用户研究上下功夫，以应对移动互联网时代的挑战并抓住机遇。

万物互联时代（2010年至今）

随着云计算能力的提高、大数据的积累、人工智能算法的创新，以及5G和天地一体化网络的深入发展，软件行业迎来了与实体经济深度融合的新时代。SAP、GE Predix、西门子MindSphere等工业互联网平台集成了工业大数据处理、数据孪生建模和工业App开发等功能，着力打造了工业互联网操作系统。我国工业互联网的发展与国际基本同步，已构建了多样化、特色鲜明的工业互联网平台体系，培育了50多个具有行业影响力的工业互联网平台，约10万个工业App。

未来，下一代操作系统有望实现跨终端硬件兼容和数据共享，覆盖移动设备、个人计算机、智能电视、车载终端、智能可穿戴设备等，形成智能运行体系，推动社会迈向"智能+"的新时代。

（二）软件行业的本质与挑战

● 软件在企业日常运作中的角色

企业借助软件开展日常工作，运用物联网、人工智能、云计算等技术重塑业务模型，力求保持行业领先地位。尽管软件企业技术含量高，但面临的挑战（如成本控制、同质化竞争、人力成本上升等）与许多传统产业并无二差。为了应对这些挑战，企业必须寻找降本增效的方法。

◉ 多样性与一致性

业务需求是多种多样的，即便是相似的人才招聘，医药制造公司、互联网打车平台、政府的大数据部门、教育机构，相互之间都有不小的差异，更不用说定制化的CRM系统了。然而，软件行业却追求一致性，无论是技术架构、数据处理，还是需求。云计算、大数据平台的出现带来了基础设施和数据层面的一致性，而前后端分离、微服务等大同小异的架构方式带来了技术实现层面的一致性。与此同时，软件行业努力通过标准化交付来满足不同的需求，尽管各领域的业务专家不可或缺，但大多数从业人员的技术水平趋于一致。

政企客户的业务多样性与软件行业追求的一致性，如同大齿轮和小齿轮的配合，需要通过有效的项目管理和定制化服务来协调。软件行业不仅要考虑如何低成本交付低单价产品，还要探索低代码平台等快速实现的方式。

◉ 软件行业的市场规模

面对软件一个千亿元级别的市场，在A股主板上市的软件企业有40多家，在创业板上市的有80多家，拿到投资的独角兽企业更是多达上百家，为行业未来的突破和变革带来了动力。

◉ 软件行业的本质

从服务的角度来看，软件行业本质上提供的是信息服务，其最大的经济效益来源应是服务环节，如软件的服务、升级和维护等。软件行业的企业不仅销售软件产品，更重要的是提供持续的服务和支持，以满足用户不断变化的需求。

企业在对软件进行业务拓展的过程中，希望其可以满足不同的业务场景，适用于更多行业。然而，哪怕是理论上非常通用的产品，都在跨行业的过程中经常遭遇挫折和阻击，其他行业类似的情况也屡见不鲜。行业壁垒的产生可能包含行标的制定、专业化分工、业务理解门槛等因素，但这些因素在全世界任何社会中都普遍存在，只要在合理的范围内，我们就能通过因地制宜、多方协调获得优势。在跨行业的细节标准尚未充分发展的阶段，服务方也确实应为不同行业提供专属、定制的解决方案。

◉ 软件行业的特征

软件行业主要有规模大、领域专、高合规、多业务、门槛低这些鲜明的特征，详见表7-1。

表 7-1　软件行业的主要特征

特征	具体内容
规模大	服务于政企，市场随经济发展和改革深化而逐步扩大； 信息化成为竞争和管理的基础，需求量大； 信息系统有更新迭代周期，能够保障行业持续、稳定的收入
领域专	市场需求向专业化方向发展，领域界限明晰； 自研或外包变得不切实际，专业化企业软件机会增多
高合规	法律法规快速出台，提高了对政企信息系统安全性的要求 自研、外包方法失去低成本优势，专业软件吸引力增大
多业务	软件服务于商业社会，需要具备宏观视角和商业敏感度； 商业专业化提升，软件提高了工作效率，带来了更多机会
门槛低	相比其他行业，企业软件行业门槛低，创业成本低； 行业产出价值和稳定性高，边际成本低； 低门槛吸引新团队尝试，不断有企业成功，为行业带来变化

基于上述特征，可以进一步从用户关系与交付方式两个方面来探索软件企业的本质。

用户关系的分类见表7-2。

表 7-2　用户关系的分类

分类	具体内容
强信任关联	在交易过程中，突出销售前的重要性无可厚非。销售前既是验证方案可行、有效的过程，也是建立信任的过程。例如，软件企业应明确自己的核心竞争力，并秉持认真负责的基本职业操守建立起与用户之间的信任关系
强黏性合作	对于企业软件，用户黏性来自高昂的交易成本。交易成本是指在达成交易前后出现的各种摩擦。一些集团企业和国际企业会维护一个较短的服务商名单，这些服务商均已与集团企业签署过大合作框架，也就是说已经建立了基本的信任关系。而后，集团企业在有需求时只会从这个服务商名单中选择服务商并由其交付。这样一来，建立关系的过程和解决问题的过程得以分为两个部分，前一部分无须重复构建，双方每次只谈后一部分的需求即可。这种做法能够降低成本，而且通过维护较为市场化、具备流动性（例如两年一评）的服务商名单，能够在一定程度上避免选择决策的僵化

一般来讲，软件行业的交付方式分为项目型、产品型和平台型3类。

项目型软件企业将根据用户需求来定制开发软件，一般由用户提出需求，软件企业根据用户需求进行分析、设计、开发、交付。

产品型软件企业的产品指的不是工具型产品，而是通过销售一款或者几款核心产品为主的软件企业，例如用友ERP系统、金蝶软件等。产品型软件企业容易遇到两个挑战：一是产品容易被模仿。除非产品足够高端，否则，产品很容易被模仿，甚至会被另一种产品替代，产品最终会失去竞争力。二是适用性较差。很多大型企业购买软件产品后，会根据自己的实际需求进行个性化定制。个性化定制的费用一般较高，中小型企业往往不愿意承担个性化定制的费用，购买意愿较低。

平台型软件企业不生产产品，而是以互联网为基础搭建"供应"和"需求"的平台，高效匹配供需、促进创新和增长，逐渐成为推动社会经济活动的关键力量，如天猫、京东、滴滴等。

万物互联的时代为企业提供了广阔的市场空间和发展机遇，同时也对企业的技术能力、安全保障、服务创新等方面提出了更高的要求。企业需要把握这一时代的特点及其本质，不断提升自身能力，以更好地适应和引领市场的发展。

（三）数字化业务发展现状与机会

在数字化转型相关政策体系不断完善、数字经济成为推动经济社会高质量发展的重要支撑和关键引擎、数据要素促进数字经济和实体经济深度融合等驱动下，我国数字化转型市场规模持续增长。展望未来，软件行业的十大发展趋势见表7-3。

表 7-3　软件行业的十大发展趋势

趋势	具体内容
数字化转型持续向全行业纵深覆盖	信息化向数字化转型升级：一方面，数字化转型将推动数字技术与业务场景深度融合，推动业务协同效能提升；另一方面，中小企业加快数字化转型，推动全行业整体数字化跃升
数字化转型从业务场景驱动到内生价值创新	随着数字技术的广泛应用，企业数字化转型呈现出由表及里、由浅入深的发展态势，企业数字化转型逐渐从业务场景驱动转变为内生价值创新，逐步构建起产业生态

续表

趋势	具体内容
行业"数字鸿沟"依然存在	从行业分析，由于行业的数字化基础、人才和技术储备存在差异，行业数字化转型进程存在一定差距，"数字鸿沟"依然存在
可持续运营模式将成为提升数字城市韧性的关键	随着城市数字治理实现从单点突破到多领域协同，逐步构建网络化、数字化、智能化的治理和服务体系。未来，要通过构建可持续运营模式来确保数字城市建设成果的持续性发展
数字化和绿色化协同转型成为产业数字化转型的主题	数字化和绿色化是实现"双碳"目标的关键路径。以数据和绿色低碳为核心要素，催生"数字化＋""绿色化＋"新模式，推动传统产业向智能化、效率化、环境友好型的方向发展
以价值驱动的轻量级应用依然是中小企业数字化转型的关键	未来，轻量级应用平台能为中小企业带来明显的价值效应，极大降低中小企业数字化转型投入成本，同时，标准化的服务形态也将大幅降低数字化转型门槛
数据要素的市场化改革将成为产业数字化转型的焦点	随着企业数据资产入表及相关数据资源交易流通，数据要素将实现生产经营提质增效，赋能企业管理者科学决策，为数字经济的可持续性发展提供有力支撑
制造业数字化转型将向数字孪生、规模定制方向发展	随着数字技术不断创新，制造业企业将通过数字孪生技术对设计、制造、运维等环节进行模拟和监控。同时全生产流程的数据将被打通，个性化产品的规模化需求将被快速响应和交付
数字化转型解决方案和产品更加立体多元	随着数字化转型持续开展，不同的 ICT 服务商将围绕自身服务领域的优势推出涵盖信息基础设施、综合类解决方案和细分场景应用等解决方案
创新与安全成为数字化转型建设中的重要需求	未来，创新将加速培育新技术、研发新产品、推广新模式、发展新业态。同时，构建更加完善和可控的数字安全体系，是数字化转型过程中安全性和可靠性的根本保障

　　数字化业务的发展现状表明，技术驱动和政策支持是其主要推动力，而跨界融合、数据驱动和新技术应用则为其提供了广阔的发展机会。企业应积极制定和实施数字化转型战略，抓住以下机会以实现持续增长和创新。

- 跨界融合成为驱动创新的核心，企业需要在不同行业之间进行合作，创造出全新的业务场景。例如，零售行业的数字化转型不仅涉及线上电子商务渠道，还包括线下门店的全面数字化和智能化。

- 数据驱动的智能体验和服务正在渗透产业互联网市场，设备制造商可以通过数据整合业务链、管理链，用数据推动整个企业经营与创新发展。

- 数字化业务层面（尤其是在信息基础设施、安全和业务领域）存在较大的投资机会，企业可以通过制定数字化转型的战略规划，达成数字化转型建设共识。

- 扩展现实、工业机器人、边缘计算等在数字化转型中扮演着重要角色。这些技术的应用不仅提升了企业的运营效率，还带来了新的商业模式和机会。

俗话说，机会总是留给有准备的人，而那些能够把握住机会的企业往往能够先人一步成为行业的佼佼者。不同行业的企业实践案例见表7-4。

表7-4　不同行业的企业实践案例

行业	企业	实践
零售行业	亚马逊	全球最大的在线零售商之一，通过数字化转型实现了颠覆式的电子商务模式
	沃尔玛	通过融合线上线下资源，提升了运营效率和用户体验
金融行业	Synchrony	依靠人工智能实现数字化转型
	Capital One	通过数据驱动决策优化产品和服务
	Tower 保险	与 EIS 集团合作，加速业务的数字化转型
制造业	宁德时代	通过数字化转型实现了智能制造的实践与创新，并尝试从数字化应用商向数字化赋能者转变

续表

行业	企业	实践
交通行业	华为	发布了覆盖政府、能源、金融、交通、制造等领域的创新场景化解决方案，积极探索行业数字化转型创新
医疗行业	赛诺菲	通过数字化助力医药创新
科技行业	腾讯	通过数字化转型提升了企业竞争力
	特斯拉	通过数字化转型优化了生产和运营流程

数字化业务的发展现状与机会展现了技术与商业融合的巨大潜力。随着技术的不断进步和应用场景的持续拓展，数字化已成为推动各行各业转型升级的关键力量。企业需要紧跟时代步伐，把握数字化带来的机遇，通过创新业务模式、优化用户体验、提升运营效率等方式，不断增强自身的核心竞争力。同时，面对数据安全、隐私保护等挑战，各行各业也需要积极构建可信的数字环境，确保数字化业务的健康可持续发展，为企业和社会创造更多价值。

（四）洞察行业生态，提升核心竞争力

"十四五"规划中指出，发展数字经济，推进数字产业化和产业数字化，推动数字经济和实体经济深度融合，打造具有国际竞争力的数字产业集群。

◉ 国产信创的发展和行业图谱

软件技术是数字经济高质量发展不可或缺的重要信息基础设施。国产信创在信息基础设施领域精耕细作，主要提供的产品和服务涵盖硬件设备、基础软件、超融合架构与分布式存储、信息安全产品和服务，以及云计算服务

等方面。其核心目标是通过自主研发和技术创新，推动信息技术领域的自主可控和安全发展，构建强大的国产信息技术生态。

国产信创致力于与底层硬件实现高效协同交互，形成具备强大计算能力的基础执行环境，并支持上层应用程序的开发和运行。作为生态系统的基石，多软件和多硬件的兼容能力成为衡量基础层生态发展水平的关键指标。国产信创的产业图谱见表7-5。

表 7-5   国产信创的产业图谱

产业类型	代表企业
芯片	飞腾、海光信息、龙芯中科、鲲鹏
操作系统	麒麟软件、普华基础软件、鸿蒙、欧拉、中科方德
数据库	达梦数据、人大金仓、高斯数据
浏览器	360、腾讯、华为
中间件	东方通、宝蓝德、普元信息

这些企业在各自领域持续投入，相互协同，共同推动了国产信创产业的发展。

◉ 传统软件企业的困局与转型升级方向

近年来，企业软件行业在政策扶持和市场需求的驱动下取得长足发展，市场规模持续增长，成为国民经济的重要支柱产业。IDC数据显示，2022年我国企业软件市场规模达108125.66亿元，同比增长11.2%，预计到2025年将突破15万亿元。

然而，传统软件企业在市场竞争中节节败退，主要面临着产品老化、服务滞后、人才缺乏等挑战，详见表7-6。

表7-6　传统软件企业困局：内外夹击，腹背受敌

主要原因	具体内容
产品老化	固守传统模式，产品研发投入不足，导致产品老化，难以满足用户日益增长的需求
服务滞后	缺乏创新服务意识，售后服务跟不上，难以提供优质的用户体验
人才缺乏	薪资待遇不具备竞争力，人才流失严重，缺乏高素质人才支撑创新发展

面对困境，传统软件企业必须主动求变，加快转型升级步伐，否则将被市场淘汰。转型升级的方向见表7-7。

表7-7　转型升级迫在眉睫：危中有机，柳暗花明

升级方向	具体内容
产品转型	从传统的软件产品向云服务转型，提供更加灵活、可扩展的SaaS产品。例如，开发云端的ERP系统、CRM系统等，满足企业数字化转型的需求
服务转型	从传统的软件销售模式转为云服务模式，提供更加高效、便捷的服务。例如，提供云端运维、数据分析等服务，帮助企业降低运营成本，提升运营效率
业务转型	从传统的软件业务向行业解决方案转型，为用户提供更加专业、定制化的解决方案。例如，针对不同行业开发垂直领域的解决方案，满足行业用户的个性化需求

京东云·言犀凭借其全栈自研的人工智能技术，深植于京东集团广泛且复杂的实体业务与产业生态中。通过内部真实、复杂的海量业务场景实践，京东集团推出了拥有千亿级参数的言犀大模型。此模型铸就了全新的智能交互与生成能力，涵盖文本、音频、图像乃至多模态内容生成，实现了从感知智能、认知智能到决策智能的跨越式进步。

在应用层面，京东云·言犀推动了服务、营销、运营的一体化创新，

精心构建了营服销一体化产品矩阵，包含"在线咨询机器人""语音应答""AI外呼""商家智能客服""直播数字人""客服数字人""营销图文生成"等。这些产品聚焦于提升用户体验、效率与转化，能够精准理解用户意图并高效解决用户问题。

京东云·言犀不仅提供智能化的咨询服务，还将服务范围扩展至零售、金融、教育、政务等多个行业。通过前沿的智能技术与规模化的应用实践深度融合，京东云·言犀助力政企客户实现服务与营销的数智化转型升级。

◉ 软件行业的核心竞争力之一：人才战略

无论多么美好的发展蓝图都需要依靠人才来实现。人才战略是软件行业的核心竞争力之一，无论是在人才需求与培养方面，在新技术对人才需求的影响方面，还是在人才培养与技能提升方面，特别是在高端人才引进与留存策略方面，软件行业均有持续性的发展与变化。

在当今庞大的人才市场中，岗位的竞争往往会降低人才成本。然而，软件行业的价值基础恰恰在于人力。软件企业的大部分成本源自人才的付出，而软件为用户带来的核心价值也主要体现在人才的增效上。这些价值往往难以直观衡量和验证。因此，当企业有信息化需求时，往往会低估软件的价值。这种现象不仅会导致软件的价值难以在价格中得到有效体现，还间接引发了重交付问题，并使难以标准化、较低水准的外包服务持续存在。

软件行业对高技能人才的需求日益增加，但合格的人才供应却可能无法跟上行业的迅猛发展。特别是在新技术和特定领域，实现高质量发展并建设数字化人才团队仍然面临重重挑战。数字化转型关键人才需要同时在软技能行为特征、行业专业知识和技能、数字技术知识和技能这3个方面具备较高水平的能力，因此也常被称为复合型人才，如图7-1所示。不同行业、类型和职级的数字化岗位对这3个方面的能力要求各有侧重。

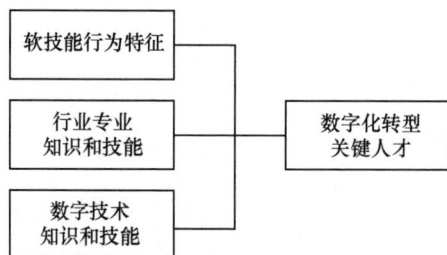

图 7-1　数字化转型关键人才应具备的能力方面

数字化组织的人才发展建设如图7-2所示。

图 7-2　数字化组织的人才发展建设

数字化组织的人才发展建设具体可以归结为4个重点，分别为通过岗位分析确定数字化人才标准，结合人才盘点进行数字化人才规划，以及数字化人才的外部引进和内部发展。其中，前两个重点属于人才需求分析，需要运用数字化价值链模型、岗位图谱、数字化人才能力模型和能力结构分类等，明确所需人才的具体标准；而后两个重点则属于数字化人才团队建设的执行工作，需要采用数字化人才招聘流程和技术、人才外包、数字化意识、精准激励，以及知识和技能培训等具体的人才引进方法。

在软件行业的激烈竞争中，人才战略无疑是企业核心竞争力的关键。只有充分认识人才的价值，并采取有效的人才发展策略，企业才能在数字化转型的浪潮中立于不败之地。通过精准的人才需求分析、科学的人才规划，以及有力的人才引进和发展措施，软件行业能够构建起一支高素质、专业化的数字化人才队伍，为企业的持续发展和创新提供强有力的支撑。

二 多元化发展：三大业务服务模式

（一）B端业务SaaS化

广义上的企业应用是指商业场景中使用的应用软件。它通常由最终用户，即企业中的员工，包括作业层与管理层使用，完成特定的商业任务，为实现商业价值服务（如降低管理风险、满足合规性要求、提高效率、提升收入、控制成本、提高管理透明度等）。狭义上的企业应用可理解为"企业管理软件"或"专业应用软件"。

◉ 企业应用的变化与发展趋势

- **早期企业应用**：定制化、小规模，通常只用于单个职能领域。

- **传统企业应用**：随着技术的进步，专业软件商开始把小规模、定制化应用，变为大规模、标准化应用。以ERP的概念最为典型，目标是用一套"企业级"的集成化应用，代替"部门级"应用。

- *新型企业应用*：云技术、平台技术的进步，降低了应用研发的难度。为了更贴合用户需求，向专业化方向发展，形成SaaS产品。SaaS产品以应用本身的价值为核心，建设、制造、管理它并不需要付出相同的代价。

◉ SaaS产品的价值与市场定位

通用工具型SaaS产品的主要价值是帮助企业提高效率，但需要企业意识到效率提高的重要性。行业SaaS产品和场景SaaS产品比通用工具型SaaS产品发展更快。因为它们能够解决具体问题，更容易激发企业的购买意愿。

SaaS产品最适合"橄榄型"（营收占比维度）市场。在"橄榄型"市场中，SaaS公司的标准化产品能够不断从用户处收集信息，在形成用户满意度较高的标准产品后，口碑和品牌效应也会降低获客成本，可以给SaaS公司带来高额回报。而同领域的SaaS产品很容易陷入恶性竞争的局面中，产品同质化后，价格竞争无可避免。避免未来激烈竞争的关键还是应该在初期就定位好公司的战略和产品。

由此可见，SaaS是为企业用户服务的，企业的情况千差万别，不同SaaS厂商完全可以在市场细分和产品价值上找到差异点。我们要尽量避免公司在盈利前就陷入恶性价格战。

● SaaS模式的本质：续费

要设法看清楚该市场的高度在哪里。如果最多是一个2亿元营收的市场，即使做到行业第一但业绩可能不足1亿元，这样的商业项目值不值得做，需要考虑清楚。商业模式正是决定市场高度的决定因素。SaaS相关的商业模式，从表面上看，它们的收费模式不同。SaaS的收费模式见表7-8。

表 7-8　SaaS 的收费模式

收费模式	具体内容
传统软件的买断模式	传统部署软件的收费模式是买断式的。企业签约后，支付买断该软件（某个版本一定数量的账号，也可以是其他形式）使用许可权的费用。在常规做法中，后续每年还可以收取10%～15%的维保费用（在实际运作中，维保费用较难收到）
SaaS 收年费	SaaS 公司有一个内在机制，每年都需要用户续费，不断帮用户解决问题。公司内部有用户成功管理（CSM）团队，有一名用户成功经理会积极调动产品资源、研发资源、服务资源，帮助用户解决问题
效果付费模式	例如关键字搜索排名，用户付费得到预期效果，双方的交互频率更多，业务紧密度更高。效果模式在商业上更有价值。 考量 SaaS 公司的商业模式的评价标准参考产生营收的频率，即付费的频率。付费频率越高，业务相关度越高，商业价值越大

SaaS与传统安装部署版软件的最大区别是前者是按年付费租用服务，后者为一次性买断服务。这貌似只是"报价方式"的区别，实际上带来的是

对服务模式、销售模式、公司估值等维度的巨大影响。

传统软件实施失败率高或上线后用户使用体验糟糕，行业内常说是用户需求变化快的问题，是企业执行力的问题，但实际上还是"利益与贡献不匹配"的机制问题。

CSM有非常明确的目标，就是让用户有好的体验感和使用反馈，用户后续才会续费，CSM才有业绩和报酬，所以CSM会极其重视用户使用体验。如果企业反馈较差，CSM甚至会重新进行需求调研和二次实施，以增强用户黏性。

（二）C端业务平台化

B端产品领域有一个重要但常被忽视的趋势：B端产品C端化。那些在市场上取得成功的B端产品，往往也是深刻理解并实现产品C端的企业生产的。

智能手机中的众多App，不仅仅是消费者的消费入口，本质是承载了各行业业务系统的综合业务平台。这些App将银行、交通、物流、票务等众多系统的访问、选择和交易权限都交给了消费者。这种前所未有的分散化、移动化的业务终端，随着C端App的流行，在各个行业被迅速普及。智能手机已经成为一个超级业务平台的载体，并带来了一个重要的变革：它将原有行业B端的业务能力开放给C端。

以滴滴为例，C端的滴滴App，是一个移动化的出行资源调度业务平台。滴滴App颠覆了出租车行业，不仅取代了传统的呼叫中心，而且将调度车辆的能力赋予了C端用户，推动了网约车的发展。从使用体验来看，传统的电话呼叫可能更为便捷，任何人都能轻松使用，只需要一个电话，车就能到楼下。然而，C端带来的机遇在于服务的即时化、透明化和服务约束力的提升。因此，C端App面临的挑战是如何优化复杂的操作，以实现更高级的功能。于是，滴滴等App应运而生，它们不断优化C端的每一项用户体验，从界面操作到使用提醒。同样，大众点评、招商银行、链家、顺丰快递等也将业务平台选择的能力赋予消费者。

◉ B端产品创新需深思的3件事

我们不能狭隘地理解日常生活中的移动体验。智能手机的移动应用，实际上是B端的C端化，或者说是C端对传统B端的变革，将原有行业B端的业务能力开放给C端，使原有的B端方案需求交给C端来自行解决。

传统的ToB系统是按照行业业务系统构建的，它们的创新思路是不断向内提升能力，以解决业务系统效率问题。当下关注的不再是如何提高原有业务流的效率，而是关注行业的业务流被C端诉求颠覆和重组的问题。面对新的竞争态势，传统的B端系统势必会逐步退出市场。以下3件事值得我们深思。

C端体验引领B端创新

"用户体验"这一概念正在经历深刻的转变。从过去几年主要关注消费者C端使用体验的提升，到如今同时注重服务提供者B端的效率与业务创新，以及C端体验的创新。一个越来越明显的趋势是，消费者用户体验的本质提升往往源自供给侧的创新。

C端诉求塑造B端变革

传统的业务系统建设是自内而外的，其基石是关注各行业中的业务诉求，内部垂直构建专业模块，但业务数据横向通行的能力却相对较弱。相比之下，新形态的B端业务系统则是自外而内的，其起始关注点在于业务数据的横向流通阻力，然后再去对接纵向的内部专业模块。如今B端系统的诉求更多地来自C端，甚至部分能力已经内置在C端体系中，B端与C端的建设呈现出一体化趋势。

C端服务重塑B端运营

在B端业务系统中，每个个体除了工作角色，也是消费者，他们同样能感受各行业在C端飞速提升的体验。因此，B端业务系统对于每个内部个体的体验支持应该像对待C端用户一样细致。体验指标的"颗粒度"需要分解到每个业务动作，这样才能从系统性上大幅提升内部数据的流转速度。同时，将B端系统打造得像C端一样便捷，能够极大地降低人员培训与协作成本。

最终打败行业传统B端产品的很可能不是来自同一行业的另一位竞争对手，而是拥有对C端领域深刻理解与丰富经验的创新者。

（三）G端业务数字化

G端这一概念源自C端和B端的延伸，其字面含义即指向政府及其相关的组织机构。G端并非新兴行业，其发展历程已超过20年。

数年前，G端市场还是传统软硬件厂商竞相争夺的领域。然而，随着我国近年来大力推进信息化和"互联网+"政策，G端软件行业逐渐成为互联网公司争相布局和争夺的新市场。

G端专指为政府及事业单位开发的产品，简称政务类产品。这类产品通常由政府相关部门发起，不涉及商业利益，旨在将线下业务线上化、信息化、数字化。由于各地政府在社会管理和服务工作中也需要引入先进的科学技术，以提高管理成效和优化服务流程，因此G端产品的需求日益增长。

在数字政府的建设过程中，运用数字技术对施政理念、流程、方法和工具进行全方位、系统性、重塑性的变革，以推进政府治理体系与治理能力的现代化。

● G端业务落地实施过程中的思考路径

随着行业的不断发展和完善，G端产品已经发生了显著的变化。从过去的重业务、重流程、轻体验、轻视觉，转变为现在的重业务、重流程、重体验、重视觉。随着大量企业涌入G端市场，产品同质化现象日益严重。单靠功能的堆砌已经难以形成竞争优势，因此，界面美观、体验流畅的产品往往能够获得更多的青睐。

优秀的G端产品不仅应满足用户的业务需求，还应提供良好的操作体验，让用户在使用过程中无须过多思考。在界面设计上，应追求克制、简洁、干练的风格，因为过多的视觉元素会增加用户的认知负担。

在实际项目实施过程中，首先，要确保信息展示的完整性。鉴于G端客户的特殊性，设计和操作时应特别注意避免人名、组织名称、字段名等显示不全或被裁减遮挡的情况，并应制定相应的应对策略。

其次，操作流程需要保持连贯性。要避免交互混乱，例如页面间导航不清晰，用户单击按钮后的显示情况不符合其心理预期等。设计时应遵循效率优先原则，尽量简化交互层级和特效，减少页面跳转和交互层级，以保持用户操作流程的连贯性，避免打断用户的思考和信息获取过程。数据录入和展示应结合信息量来判断，尽量实现能单击就不用输入，能查看就不用单击，能使用浮层就不使用弹窗，能使用弹窗就不跳转新页面。从源头上避免内容超载，降低用户学习成本。

再次，对于复杂的业务流程，需要分步引导。从业务流程复杂的情况来看，不能仅从业务角度考虑问题，而应站在用户视角，用同理心推动流程优化。可以先绘制完整的业务流程图，对于复杂的长流程，建议使用分步引导的方式，提取关键节点，每个关键节点包含若干个小步骤，然后将所有节点分步展示。例如，在设计时可以优化流程信息与所填写的内容字段，部分信息可以自动带出；节点流转应清晰展示，以安抚用户焦急等待的情绪等。通过类似的设计还可以优化用户体验和流程体验。

最后，还要格外注意以下3点。

G端产品的分类及特性

有些人认为政务行业没有产品，只有用户需求，不需要设计需求分析，只需要按照用户的要求进行开发。然而，这种观点并不准确。政务市场的需求和产品特性确实与消费级和产业级市场有所不同，面对的用户群体需求和诉求差异也很大，因此需要具体问题具体分析。例如，阿里巴巴的"城市大脑"和华为的"智慧城市"就是出色的G端产品代表。

按照服务对象的不同，G端产品可以分为以下两类。

一类是满足政府内部信息需求的政府服务类产品。这类产品主要面向政府内部工作人员，包括数据可视化类产品、后台管理系统、各种业务管理系统等。

另一类是满足对公服务需求的公共服务类产品。这类产品以服务公众（自然人和法人）为导向，目的是优化公众办事流程、精减办事环节、扩展网上服务渠道、提高政务服务效率等，实现"让信息多跑路，让群众少跑路"的目标，不断提升便民服务水平。

政府服务类产品的形态构造

通过上述产品分类和特性的分析，相较于政府服务类产品，公共服务类产品的标准化程度较高。而政府服务类产品需要提炼业务、深化整合业务模式，其产品形态包括解决方案、成熟产品框架、底层基础软件产品等。其中，解决方案是政府服务类产品的一个重要组成部分，需要针对不同的用户进行个性化定制；成熟产品框架则需要在梳理特定行业的基本业务需求、流程和功能模块的基础上，满足用户的个性化需求，并对部分功能进行定制化开发；底层基础软件产品则属于对业务属性依赖程度较低的基础软件应用，可以直接做成通用化产品。

政务市场的长期性与短期性

对于许多G端从业者来说，很重要的一个问题是：政务市场究竟是长期市场还是短期市场？悲观者认为G端企业最终都会消亡，因为这不是一个纯市场化的领域，而且政府对某种产品的需求有阶段性。然而，乐观者则认为政务市场潜力巨大。

三 软件行业的未来画像

（一）不同类型软件的画像

软件行业作为数字经济的核心驱动力，展现了前所未有的活力与多样性。不同类型的软件，如同行业的多面镜，映射出丰富多彩的未来图景。

◉ 通用软件和行业软件

按照软件企业产品的服务对象来分类：软件可分为聚焦某个业务但用户群体是跨行业的通用软件，以及聚焦一个行业内的多个业务的行业软件。

通用软件是指那些面向广泛用户群体、具有普遍适用性的软件产品。例如，用友、金蝶主营财务软件产品，纷享销客和销售易主营CRM产品，腾讯、阿里巴巴主营线上会议系统。这类软件通常具备以下特点，见表7-9。

表7-9　通用软件的特点

特点	具体内容
广泛的适用性	通用软件设计可满足不同行业和用户的基本需求
功能全面	虽然不是为特定行业定制，但通用软件提供了一套全面的通用功能
标准化	通用软件往往遵循行业标准，确保广泛的兼容性和互操作性

行业软件是专为特定行业或领域设计，以满足该行业特有的需求和规范的软件产品。例如，广联达和PKPM的建筑工程算量平台、云朵课堂和校宝在线的教育机构平台等。行业软件的特点见表7-10。

表 7-10　行业软件的特点

特点	具体内容
针对性强	行业软件针对特定行业的工作流程、规范和需求进行定制开发
专业化	行业软件通常包含高度专业化的功能和工具，以支持特定行业的专业操作
集成性	行业软件往往需要与行业内的其他系统和设备集成，以提供完整的解决方案

● 工具软件和商业软件

工具软件旨在帮助用户执行特定任务或解决特定问题。这类软件面向广泛的用户群体，包括个人用户和专业用户，具有功能单一、独立性、成本低等特点，详见表7-11。

表 7-11　工具软件的特点

特点	具体内容
功能单一	工具软件通常专注于单一任务或一组特定的任务，如图像编辑、视频转换、数据备份等
独立性	工具软件通常可以独立于其他软件运行，不需要与其他系统集成
成本低	工具软件的价格通常比商业软件低，因为它们的功能相对单一

商业软件是指为广泛的市场预先开发并销售的软件产品。商业软件主要面向企业用户，包括中小企业和大型企业，具有综合性、集成性、可定制性、成本高等特点，详见表7-12。

表 7-12　商业软件的特点

特点	具体内容
综合性	商业软件通常包含多个模块或功能，以支持企业的不同业务需求，例如 CRM 系统、ERP 等
集成性	商业软件往往需要与其他系统和数据源集成，以实现数据共享和流程自动化
可定制性	虽然商业软件通常是现成的，但它们通常提供一定程度的定制化，以适应不同企业的特定需求
成本高	商业软件的成本通常较高，因为它们提供更复杂的功能和更全面的服务

在探索通用软件与行业软件的发展路径、市场定位及未来趋势后，我们不难发现，无论是跨越行业边界的通用软件，还是深耕行业内部的行业软件，它们都在以各自独特的方式推动着软件行业的进步与发展。这两类软件如同行业的"双子星"，共同照亮了软件行业的未来之路。

（二）软件的转变

◉ 从单一的工具型应用向更具深度和广度的商业价值转变

这一转变的核心驱动力正是数据化，软件如同一座桥梁，连接着数据的海洋与商业的彼岸，为企业带来了前所未有的业务洞察力和决策支持力。数据引领工具软件向商业软件转变的关键路径见表7-13。

表 7-13　数据引领工具软件向商业软件转变的关键路径

路径	具体内容
深度用户洞察与个性化服务	数据赋予了软件收集并分析用户行为数据的能力，使软件能够深入洞察用户偏好和需求。基于这些宝贵的洞察，软件能够提供更加贴心、个性化的服务，从而极大地提升用户体验和满意度。这种个性化不仅体现在用户界面的友好设计和交互逻辑的优化上，更渗透在产品功能和服务内容的深度定制化中
业务流程的全面优化	借助数据的力量，企业能够更精准地识别业务流程中的瓶颈和低效环节。工具软件通过集成先进的数据分析工具，可助力企业优化流程、提升效率，这种优化不仅局限于内部运营，还广泛扩展到供应链管理、用户关系管理等外部交互环节，实现全链条的升级
强大的决策支持系统	数据为企业构建了一个坚实的决策支持系统。商业智能和人工智能技术的深度融合，使软件能够从海量数据中挖掘出有价值的信息，为企业提供更加科学、精准的决策依据
创新商业模式的催生	数据浪潮还孕育了全新的商业模式，例如 SaaS 模式，它允许企业通过订阅服务持续获得软件的更新和优化，无须承担一次性购买软件许可的高昂成本。这种模式不仅降低了企业的初始投资门槛，还为软件提供商带来了稳定的收入来源
精准的风险管理	在金融、保险等高风险行业，数据帮助企业更加精准地理解和管理风险。通过深入分析历史数据和实时数据，软件能够预测市场趋势、评估潜在风险，并为企业制定有效的风险管理策略，且提供有力支持
市场拓展的新引擎	数据还为企业市场拓展提供了强大的动力。通过深入分析行业数据和消费者行为，企业能够更准确地把握市场动态、发现新的商机，从而开发出更符合市场需求的产品和服务，实现持续拓展业务范围
智能化的 CRM	数据使软件在 CRM 方面展现出更高的智能化水平。通过分析用户数据，软件能够帮助企业更深入地理解用户需求、提供个性化的服务体验，从而建立更加紧密、持久的用户关系

数据化是推动工具软件向商业软件转变的关键力量。它不仅极大地提升了软件的功能性和用户体验，还为企业带来了深入的市场洞察和强大的决策支持，催生了创新的商业模式，并助力企业在风险管理和市场拓展方面取得显著成效。随着技术的不断演进和创新，数据化将在软件发展中发挥更加重要的作用，为企业创造更加丰厚的商业价值。

◉ 业务场景化：驱动软件从"通用"迈向"行业"的深度转型

在软件行业，从通用软件向行业软件的转型并非易事，这要求企业必须具备深厚的行业基因。这意味着要深入理解特定行业的运作状况、用户的愿景与诉求，并在此基础上深入挖掘具体的业务场景和服务动作。这一过程涉及全面把握特定行业工作流程、业务需求、法规要求、操作习惯和用户痛点，进而对软件进行有针对性的调整和优化，使其更加贴合行业用户的实际需求。软件从"通用"迈向"行业"的深度转型见表7-14。

表7-14　软件从"通用"迈向"行业"的深度转型

转型方向	具体内容
深度行业洞察	定制化解决方案的基石。行业软件的开发始于对特定行业的深刻洞察与理解。通过与行业专家的紧密合作，软件咨询团队能够精准把握行业特有的业务流程、法规要求和用户行为模式，这为设计出高度定制化的软件解决方案奠定了坚实的基础
业务流程的优化与自动化	提升运营效率。行业软件通过优化和自动化行业特有的业务流程，显著提升了企业的运营效率。软件咨询专家运用业务场景化的方法，帮助企业识别并消除流程中的瓶颈，同时提供创新的软件解决方案以实现业务流程的再造与优化

转型方向	具体内容
增强决策支持	数据驱动的智慧决策。行业软件集成了先进的数据分析和决策支持工具，使企业能够基于实时数据做出更加精准的业务决策。软件咨询团队通过实施数据驱动的策略，帮助企业构建强大的数据分析能力，从而为企业的智慧决策提供数据支撑
风险管理与合规性	针对特定行业的法规和风险管理要求，行业软件提供了定制化的合规性和风险管理功能。软件咨询专家助力企业确保其软件系统不仅满足业务需求，而且完全符合行业标准和法规要求，为企业的稳健发展保驾护航
持续创新与服务	适应行业变化，保持竞争力。行业软件的发展离不开持续的创新和服务支持。软件咨询团队通过提供不间断的技术支持和升级服务，确保软件解决方案能够适应行业的不断变化，从而保持长期的竞争力

这些软件产品专注于解决特定场景下的业务管理需求。与"通用+工具软件"相比，"通用+商业软件"的使用场景更加具体，业务边界也更加清晰。当场景更加具体、产品价值更大时，营销环节才更容易取得突破。因此，"数字化+业务场景化"才是最终推动企业发展的未来方向。

（三）数字场景化的企业未来竞争

在数字化转型的大背景下，企业级大数据应用主要涵盖业务场景数字化、运营场景数字化和智能场景数字化这3类数字化场景。

业务场景数字化：构建信息链条，实现线上管理

业务场景数字化是企业级大数据建设的基石。此阶段的核心目标是构建业务场景完整的信息链条，实现业务场景的线上数字化管理。在这个过程中，需要同步推进硬件和软件的落地实施，特别要强化业务信息的采集、存储和展现。这些措施可以形成以提升基础业务管理为导向的闭环信息流，从而为企业级业务场景奠定坚实的"信息底座"。

以制造业的数字化升级为例，企业利用结构化数据，能够实现生产流程的线上化、数字化和可视化，进而形成完整闭环的业务场景信息链。结合信息看板，企业可以实现对订单签订、计划下达、任务调度、产品跟踪和交付考核的"一触即达式"管理，从而优化排产、降低生产故障，并直接从整体上提升生产制造型企业的生产交付能力。此外，利用非结构化的影像数据，企业还可以对高危作业场景、重点设备运行和安全区域巡检等进行有效监控，这对生产业务场景化管理具有至关重要的作用。典型的应用场景包括企业级生产管理调度指挥中心和企业级应急指挥中心等。

运营场景数字化：构建数据资产，实现智能管理

运营场景数字化是企业级大数据建设的中层阶段。此阶段的核心目标是构建企业级数据资产，这依赖于企业级业务层数据与财务运营层数据的积累。通过聚焦于业财一体化管理平台的建设，并融合管理会计理论，企业可以将业务数据与财务数据进行逻辑化、体系化的拆分、重组、融合和展现，从而形成结构性、关联性和整合性的数据资产。这样一来，就可以实现企业级运营场景的"数据大脑"搭建。

运营场景的数字化整合可以实现全要素、全产业链和全价值链的全面连接，推动企业实现智能感知、网络协同、敏捷响应、高效决策和动态优化，进而形成创新型数字化生态网络。企业级管理者可以从"数据大脑"中调度各类决策辅助信息，例如生产、销售、财务、风控和人力等信息，实现一键即查。这样就可以快速、有效地为企业经营决策层提供管理决策支撑。典型的应用场景包括企业级数字化财务分析平台和企业级一体化数据共享中心等。

智能场景数字化：构建测算模型，实现自动化管理

智能场景数字化是企业大数据应用的高级阶段。此阶段的核心目标是构建智能化场景测算模型，从而实现企业级经营场景的自动化和智能化管理决策。在建设过程中，需要从企业战略出发，结合企业切实的管理需求，构建数字化逻辑应用模型。同时，充分利用业务运营分析洞察和机器学习模型等技术，对业务过程自动化提出建议或付诸行动，进而提升公司决策的数智化能力。

智能场景通过构建机器学习模型、语意识别模型和管理测算模型，并将其与具体的业务场景和运营场景相融合，通过一体化应用，可以促进生产智能化、服务生态化、管理协同化和决策数据化。

这样一来，企业级的数字价值创造水平得以有效提升。但与此同时，大数据产品及其应用场景正迎来前所未有的发展机遇。随着新技术、新产品的持续迭代与更新，它们最终将在各个领域内沉淀为具体的场景化产品，即体现于新技术在现实产品中的实际应用。

⊙ 企业竞争：数字化与场景化的深度融合

面对未来日益激烈的市场竞争环境，软件企业如何脱颖而出并获得竞争优势？如何有效提升其在服务领域的业务能力？

以用户为中心，打造强大的场景化能力

软件企业需要回归服务的本质，主动出击，满足用户的多样化需求。这包括全面升级用户联络平台，强化企业的多维竞争力，提升服务质检效率，以及快速捕捉和反馈问题。

由于软件产品本身具有较高的定制化程度，用户对软件企业服务的依赖性远高于传统商品。购买软件产品，实质上就是购买服务。当下，"以用户为中心"提供服务已经成为企业构建市场竞争力的关键要素。在多重因素的叠加下，软件企业必须主动在服务方面发力，构建更加坚实的用户服务基础。缺乏服务竞争优势，即使产品再好，也会面临高投诉的风险，这在任何行业都是如此。

无论企业规模大小，都需要做到以下4个方面，才能真正实现"以用户为中心"。

- 以用户需求为导向，深入了解并满足用户的期望和需求。
- 为用户交付高质量的产品和服务，确保用户获得卓越的价值体验。
- 快速响应用户需求，提供及时、有效的解决方案。
- 实现端到端的高效低成本运作，优化整个服务流程，降低成本，提高效率。

以数字化为手段，支撑场景化能力的实现

鼓励在重点领域率先开展关键产品的应用试点，推动软件与生产、分配、流通、消费等环节的深度融合，加速数字化发展进程。这意味着软件企业需要不断探索新的技术和服务模式，以适应市场的不断变化和需求。

由于数字化价值的实现和体现都具有一定的难度，软件企业更需要深度理解"价值"的真正含义。软件企业需要具备专一、深度、精细化的行业专业领域轻咨询能力。在企业数字化转型建设过程中，软件企业提供的不仅是一套数字化系统，更重要的是提供最佳的行业实践，帮助企业实现数字化转型的弯道超车，得到一整套可落地、可执行的解决方案。

为了更好地助力企业数字化建设，软件企业在企业数字化转型建设过程中应加强产品能力、售前能力、实施能力和售后服务能力四大基本能力。从不同的维度出发，全面提升企业的数字化建设水平。

以研发交付效率为驱动力，加速场景化的落地实施

新技术的不断涌现和企业业务的日益复杂化，使各个团队之间的协作变得越来越困难，企业的研发效能也呈现降低的趋势。这导致"期望"与"现实"之间产生了巨大的差距。一些企业利用技术设置壁垒，使其他企业在数字化转型过程中苦不堪言。

作为场景化的黏合剂，技术专家在此过程中发挥着至关重要的作用。这要求产品设计人员、研发人员、测试人员等都要深入理解业务，研究业务模式，并准确把握业务的痛点。由于大部分用户往往难以明确表达自己的真实需求，因此，技术人员需要学习业务知识，运用软件工程的方法，将各种想法转化为实际产品供用户使用，收集反馈并迅速进行改进，从而越来越贴近用户的真实需求。

总之，为了应对这一挑战，软件企业需要不断提升研发交付效率，加速场景化的落地。通过优化研发流程、提升团队协作能力、引入先进的研发工具和技术等手段，缩短产品研发周期，提高产品质量和交付速度。这样才能更好地满足用户需求，在未来赢得市场竞争的主动权。

第八章

数字政府：
让政务有速度更有温度

数字政府建设是数字经济时代革新政府治理理念与模式的关键举措，对于加速政府职能转变，构建人民满意的法治政府、创新政府、廉洁政府及服务型政府具有重要的理论意义与实践价值。党的十八大以来，以习近平同志为核心的党中央高度重视数字政府建设，提出了一系列重要论断并进行了多项关键部署，为完善中国特色社会主义行政体系，构建职责明确、依法行政的政府治理体系奠定了基础。

本章将深入探讨数字政府的概念及其核心内涵，回顾其发展历程并分析其未来趋势。同时，还将研究软件开发企业在我国数字政府建设中的现状和实践案例，分析它们面临的主要挑战，为数字政府的建设提供理论支持和实践指导。本章一是剖析数字政府如何助力国家现代化治理迈向新境界，围绕"高效办成一件事"的核心理念，展现数字政府在提升政务服务效率、优化办事体验方面的成效；二是对数字政府的建设发展前景进行全面分析，助力政府部门顺利完成数字化转型。

在追求更加高效、便捷的政务服务的同时，新时代政务服务也应体现人文关怀，注重服务质量。因此，在讨论软件企业在数字政府建设中面临的挑战时，不仅要寻找有效的应对策略，还要探索其可持续发展的路径，以期其能够在不同场景下进行应用创新，让政务服务更加贴心和人性化。

一 数字政府建设：推动国家现代化治理迈向新境界

（一）数字政府赋能"高效办成一件事"

2024年1月，国务院正式发布了《关于进一步优化政务服务提升行政效能推动"高效办成一件事"的指导意见》（以下简称《指导意见》）。《指导意见》着重强调了数字技术的赋能作用，紧密围绕群众在办事过程中遇到的急难愁盼问题，精准把握"高效办成一件事"这一核心目标，预期将持续释放数字红利，不断推动政务服务优化与行政效能提升。

随着云计算、大数据、人工智能等新一代信息技术的快速发展和广泛应用，数字政府的概念逐渐兴起，并成为现代政府转型的重要方向。数字政府，简而言之，是指利用新一代信息技术，推动政府管理和服务的数字化、网络化、智能化，以提升政府效能、优化公共服务、增强政府透明度和公众参与度的政府形态。

◉ 数字政府的特点

数字政府的特点主要体现在以下4个方面。

第一，新一代信息技术的运用：通过大数据、云计算、人工智能等技术，实现政府信息的快速处理和高效利用。

第二，用户体验和服务质量：通过数字化手段提供更加便捷、个性化的公共服务，注重用户体验和服务质量。

第三，数据开放和共享：打破"信息孤岛"，实现政府内部和外部数据的互联互通，推动数据开放和共享。

第四，公众参与和透明治理：通过数字化平台增强政府与公众的互动，提高政府决策的民主性和科学性。

与传统政府相比，数字政府具有显著的优势。传统政府往往面临信息传递不畅、服务效率欠佳、决策过程不透明等问题。而数字政府则能够通过信息化手段有效解决这些问题，提高政府的工作效率和服务质量，实现政府的现代化转型。

◉ 数字政府的发展历程

数字政府的发展历程大致可以划分为起步、发展和成熟这3个阶段，每个阶段都有其独有的特征和显著的成果。数字政府的发展历程见表8-1。

表 8-1　数字政府的发展历程

阶段	特征和成果
起步阶段 （2001 年之前）	这个阶段通常被称为"电子政务"。在这个阶段，政府主要利用电子化的方式辅助政务业务，并着手建设政府门户网站。电子政务的引入使政府从纸质办公向电子化办公转变，提高了政府工作效率，并为公众提供了更加便捷的服务方式
发展阶段 （2002—2014 年）	这个阶段以互联网等技术推动政务服务向数字化转变。与起步阶段不同，此阶段开始从政府部门为中心转向以公民为中心，虽然主要服务于政府内部网络建设，但对公民而言，仍主要停留在电子化公告的阶段，缺乏必要的互动
成熟阶段 （2015 年至今）	随着《促进大数据发展行动纲要》《"互联网＋政务服务"技术体系建设指南》等政策的实施，数据逐步成为核心要素，数据治理和数据资产化成为关键。在这个阶段，数字政府不仅开发了数据资源，还实现了部分服务的在线传递，极大地提升了政府服务的智能化和便捷性

展望未来，数字政府的发展趋势主要表现在技术创新和政策推动两个方面。

在技术创新方面

随着人工智能、大数据、云计算等技术的快速发展，数字政府将实现更多的智能化应用，例如智能决策、智能服务、智能监管等。数字技术将为政府提供更加精准、高效的数据支持，助力政府实现科学决策和精细化管理。

在政策推动方面

随着我国对数字政府建设的重视和投入不断增加，未来将有更多的政策出台，推动数字政府建设深入发展。这些政策将涵盖数据安全、数据共享、政务服务等方面，为数字政府的建设提供有力的制度保障。

◉ 数字政府的重要作用

数字政府的发展历程是一个不断演进、不断创新的过程。随着技术的不断进步和政策的持续推动，数字政府将发挥更重要的作用，为政府决策、公共服务和社会治理提供更加智能化、高效化的支持。

提升政府治理效能：数字政府通过数字技术提高了政府的工作效率和服务质量，实现了政府的数字化转型。

优化公共服务：通过数字化技术，政府可以提供更加便捷、个性化的服务，提升公众的满意度。

推动社会经济发展：数字政府有助于提升城市治理水平，推动智慧城市、智慧社区等建设，为城市经济发展提供有力支撑。

解决社会问题：通过数字技术，政府可以更加精准地识别和解决社会问题，例如扶贫、教育、医疗等，缩小社会差距，促进社会公平正义。

构建美好社会：数字政府为构建更加美好、和谐的社会做出了积极贡献，提升了政府的透明度和公信力。

（二）数字政府建设现状及未来趋势

从发展阶段来看，一些发达国家（如丹麦、美国等）已处于数字政府建设的后期阶段或高级阶段，数字政府的成熟度较高。当前，这些国家的重点在于绩效评估科学化与政务流程再造高效化，旨在建立用户优化、便捷高效的公共部门。

相比之下，虽然我国数字政府建设近年来取得了显著成效，整体上处于快速发展阶段，但不同地区之间的发展水平仍存在差异。

◉ 我国数字政府建设现状

我国数字政府建设呈现出积极的发展态势，并且取得了显著的成果。

在政策层面

近年来，我国出台了一系列与数字政府建设相关的政策，明确了数字政府的发展目标、任务和措施。这些政策为数字政府的建设提供了制度保障和法律支撑，推动了数字政府建设的规范化、法治化进程。

在技术应用方面

我国数字政府建设充分利用了数字技术的优势，推动政务服务的智能化和便捷化。例如，我国建设政务服务平台，实现了政务服务事项的在线办理、查询和咨询，极大提高了政务服务的效率和用户体验。同时，人工智能、大数据、云计算等技术的应用，也为政府决策提供了更加科学、精准的数据支持。

在实践成果方面

我国政府网站的数据质量和服务水平得到了显著提升，为公众提供了更加优质、高效的服务。各地在数字政府建设方面积极探索创新，形成一批具有地方特色的数字政府建设模式和经验。

然而，我国数字政府建设在发展过程中仍面临机制不顺畅、标准不一致、平台不集约、数据不互通等问题，阻碍了数字政府的高质量发展。为此，我国应加大政策支持和投入力度，推动数字政府建设向更高水平发展。通过不断完善机制、统一标准、整合平台、促进数据共享、加强数据安全和提升数据开发利用水平，我国数字政府建设将更加高效、智能、安全，更好地服务于经济社会发展和人民群众的需求。

◉ 数字政府建设趋势分析

数字政府建设的发展趋势主要体现在数字化转型持续加速、数据治理能力显著提升、跨部门协同合作更加紧密、智能化服务广泛应用、更加注重公众参与和互动等方面。这些趋势将共同推动数字政府建设向更高水平发展，为公众提供更加优质、高效的服务。数字政府建设的趋势见表8-2。

表 8-2　数字政府建设的趋势

趋势	具体内容
数字化转型持续加速	随着5G、大数据、人工智能、区块链等技术的快速发展，数字政府建设将进一步深化数字化转型。这将推动政府服务和管理模式的创新，提升政府运行效率。数字化转型不仅意味着政务服务的线上化、智能化，还体现在政府内部流程的优化、决策的科学化等方面

趋势	具体内容
数据治理能力显著提升	数据作为数字政府建设的核心要素，其治理能力的提升将成为重要趋势。政府将更加注重数据的收集、整合、分析和利用，以数据驱动决策和服务创新。同时，加强数据安全管理，保护个人隐私和信息安全，也是数据治理不可忽视的方面
跨部门协同合作更加紧密	数字政府建设将促进政府部门之间的协同合作，打破信息壁垒，实现资源共享和流程优化。通过建设统一的政务服务平台、推进数据互通互认、加强部门间沟通协作等方式，提高政府服务效率和质量，满足公众日益增长的需求
智能化服务广泛应用	人工智能、机器学习等技术的应用将进一步推动政务服务的智能化。通过智能问答、智能推荐、自助办理等方式，为公众提供更加便捷、高效的服务体验。同时，智能化服务还将帮助政府实现精准决策和个性化服务，提升政府的治理水平
更加注重公众参与和互动	数字政府建设将更加注重公众的参与和互动，通过政务社交媒体、在线调查、民意征集等方式，收集公众意见和建议，推动政府决策的民主化和科学化。同时，加强政府与公众之间的沟通和互动，提升政府公信力和公众满意度

基于上述趋势，数字政府未来建设的重点方向主要聚焦于智慧城市、公共服务和政务云平台三大领域。

智慧城市：数字政府建设的重要一环

通过运用数字技术，实现城市运行全流程模块的优化，推动城市治理体系和治理能力现代化。在智慧城市建设中，数字政府致力于构建"城市大脑+公共数据平台体系"，融合社会各专题公共数据，实现面向城市各场景应用的数据共用共享。这不仅可以提升城市管理的智能化水平，还可以为公众提供更便捷、高效的服务。

公共服务：数字政府建设的核心目标之一

数字政府通过数字技术，优化公共服务流程，提高服务效率和质量。这包括推进政务服务的在线化、智能化，提供个性化、精准化的服务，以及加强跨部门协同，实现公共服务的无缝衔接。数字政府还应注重利用大数据、人工智能等技术，对公共服务需求进行精准预测和分析，为政策制定和服务优化提供科学依据。

政务云平台：数字政府建设的基础设施支撑

政务云平台通过整合各类政务数据和应用系统，实现政务资源的共享和高效利用。在政务云平台建设中，数字政府注重平台的集约化、绿色化和高性能化。通过推动政务云平台的统一规划和建设，避免资源的浪费和重复投入；同时，加强政务大数据中心的绿色节能建设，提高数据中心的能效水平；此外，还应致力于提升电子政务外网的网络承载能力和安全性能，保障政务数据的安全传输和共享。

为了进一步推动数字政府的发展，提升其效能和影响力，以下是对数字政府未来发展的一系列策略及优化建议。数字政府建设发展策略及优化建议见表8-3。

表 8-3 数字政府建设发展策略及优化建议

策略	建议
强化顶层设计的合规化与战略导向	确立数字政府发展战略，明确目标、方向、路径及重点任务，为政府提供指导和依据； 完善法律法规体系，为数字政府建设提供法律支撑，加强宣传和普及； 加强顶层设计规划，建立规划体系，明确职责分工，确保整体性和协调性

续表

策略	建议
推进数据共享与开放 促进数据流通	建立健全数据共享机制，确保数据标准化、规范化和安全性，降低数据共享门槛； 强化数据共享意识，推动共享与开放，提升政府部门和人员的共享能力和公众参与度； 加强数据开发利用，编制开放目录，构建开放平台，实现数据资源的有效利用
提升数字化服务能力 优化用户体验	优化数字化服务流程，简化和标准化流程，提高处理速度和服务质量； 拓展数字化服务渠道，实现多渠道协同服务，提供便捷、个性化的服务； 提升数字化服务质量，加强服务人员技能培训，建立监控和反馈机制，提供定制化服务
加强网络安全保障 确保数字政府稳定运行	增强网络安全意识，开展教育和培训活动，提高公务人员和公众的网络安全认知； 完善安全保障制度，建立健全法规和政策体系，加强监管和执法力度； 提高安全保障技术水平，加大技术研发和应用投入，采用先进技术手段进行全方位安全防护

随着全球数字化趋势的加速推进，世界各国都在积极探索数字政府建设的新路径和新模式，以更好地满足公众需求、提升政府治理效能和推动社会经济发展。我国可以借鉴国外的先进经验和技术，结合我国实际情况，不断推进数字政府建设。

（三）软件企业在数字政府建设中的挑战与应对策略

随着信息技术的迅猛发展，数字政府建设已成为推动政府治理现代化的重要手段。在这个过程中，软件企业扮演着至关重要的角色。然而，在数字政府的建设过程中,软件企业面临着诸多挑战。

软件企业在数字政府建设中的挑战与应对策略见表8-4。

表 8-4　软件企业在数字政府建设中的挑战与应对策略

挑战	应对策略
数据安全与隐私保护	在数字政府建设过程中,软件企业需要确保政府数据的安全性和用户隐私保护。这要求软件企业采取安全技术措施,例如加密技术、访问控制等,确保数据在传输、存储和使用过程中的安全性。同时,软件企业还需要建立完善的数据管理制度,明确数据使用的范围和目的,避免数据泄露和被滥用
技术创新与集成	数字政府建设需要不断引入新技术,推动政府服务的创新和升级。软件企业需要具备强大的技术研发能力,紧跟技术发展趋势,将新技术应用于数字政府建设中。此外,软件企业还需要解决技术集成问题,确保新旧系统之间的顺畅衔接和实现数据互通
法规遵循与合规性	数字政府建设涉及众多法律法规和政策要求,软件企业需要密切关注相关法律法规的动态变化,确保产品和服务符合法律法规要求。这要求软件企业建立完善的法律合规体系,加强法规培训和宣传,增强员工的法律意识和合规意识
用户体验与满意度	数字政府建设的目标是提升政府服务效率和用户体验,因此软件企业需要关注用户的需求和反馈,不断优化产品和服务。通过用户调研和数据分析,软件企业可以了解用户的需求和痛点,有针对性地改进产品和服务,提高用户满意度
跨部门协作与整合	数字政府建设涉及多个部门和单位的协作与整合,软件企业需要具备良好的沟通和协调能力。通过与政府部门的深入沟通,软件企业可以了解各部门的业务需求和流程,为跨部门协作提供有力的技术支撑。同时,软件企业还需要推动各部门之间的数据共享和业务协同,实现政府服务的整体优化
成本与预算控制	数字政府建设需要投入大量的资金,软件企业需要关注成本和预算控制。通过制订合理的项目计划和预算方案,软件企业可以确保项目的顺利进行并有效控制成本。此外,软件企业还可以采用敏捷开发等方法,提高开发效率和质量,降低项目成本

挑战	应对策略
人才培养与引进	数字政府建设需要高素质的技术和管理人才支持。软件企业需要加强人才培养和引进工作，建立完善的人才体系。通过内部培训和外部招聘相结合的方式，软件企业可以培养一支具备专业技能和创新精神的团队，为数字政府建设提供有力的人才保障
持续优化与迭代	数字政府建设是一个持续优化的过程，软件企业需要不断对产品和服务进行迭代和改进。通过收集用户反馈和数据分析结果，软件企业可以发现产品和服务中的问题和不足，及时改进和优化。同时，软件企业还需要关注新技术和新趋势的发展，将其应用于数字政府建设中，不断提升产品和服务的质量和水平

综上所述，在数字政府建设过程中，软件企业通过加强数据安全与隐私保护、技术创新与集成、法规遵循与合规性、用户体验与满意度、跨部门协作与整合、成本与预算控制、人才培养与引进，以及持续优化与迭代等方面的工作，可以为数字政府建设提供有力的技术支持和服务保障，推动政府治理现代化进程。

二　场景驱动：日趋深化的数字政府创新应用

（一）智慧环卫：城市环保与效率的双赢探索

2022年，国家发展和改革委员会等部门发布《关于加快推进城镇环境基础设施建设的指导意见》，提到全面落实生活垃圾收费制度，推行非居民用户垃圾计量收费，探索居民用户按量收费。

随着智慧城市建设的深入推进，智慧环卫作为其中的重要一环，得到越来越多的关注，尤其是环卫收费产品，国内外已经有不少企业和机构开展了相关课题的研究和应用，以促进生活垃圾收费制度的落地。可见，基于智能化与数字化的智慧环卫收费系统已成为当前政府部门关注的热点和未来环卫事业的发展趋势。

◉ 智慧环卫收费系统的研发与应用

为解决目前政府机关在环卫收费工作中的诸多痛点，例如现金收费耗费人力、人员流动性大导致管控难、市民缴费意识薄弱、对收费业务员考核难等问题，中数通面向市、区一级城管局及镇街，利用数字技术，研发和应用智慧环卫收费系统。

建设目标

本项目主要研究开发一种基于底数和计费能力的智慧环卫收费系统，通过底数和计费能力构建业务模型、基础数据库和服务集等来进行应用的开发，主要包括底数管理、契约管理、账单管理、缴费管理和统计分析等多个应用，旨在提升环卫收费管理的效率，节约环卫人力的成本，提升各项工作的规范化、智慧化和标准化管理的水平，提高环卫行业在市民中的形象和社会地位，使环卫事业的后续发展更加有力，中数通研发的智慧环卫收费系统如图8-1所示。

建设内容

智慧环卫收费系统可以解决开具发票的问题，取代过往人工记账，可以通过微信小程序快速查找未缴费的对象，并对业务工作进行闭环分析，促进环卫工作良性、高效发展；此外，智慧环卫收费系统的底数不但可以用于环卫缴费，还可以为其他市民服务工作提供准确的数据基础。该系统应具备以下功能。

图 8-1　中数通研发的智慧环卫收费系统

底数管理包括居民、非居民和流动人口的基础信息管理。数据范围涵盖个体工商户、企事业单位、国家机关和社会组织等。智慧环卫收费系统支持导入、数据源同步、新增等录入方式。智慧环卫收费系统：底数管理如图8-2所示。

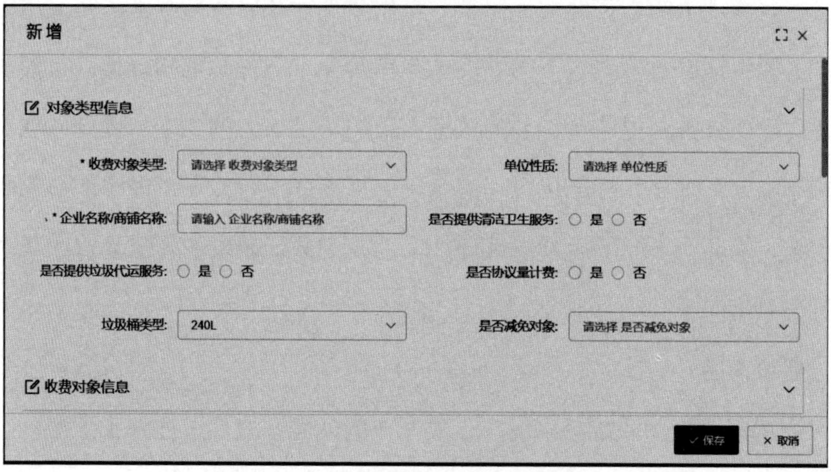

图 8-2　智慧环卫收费系统：底数管理

市政所与缴费单位签订的合同，主要为非居民群体，合同签订后定期生成账单。智慧环卫收费系统：契约管理如图8-3所示。

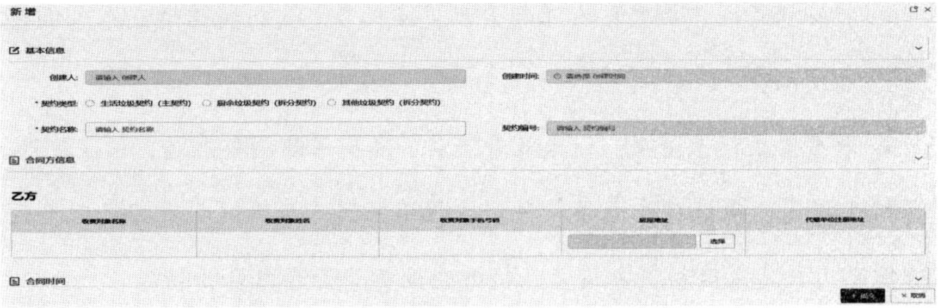

图 8-3　智慧环卫收费系统：契约管理

基于合同的缴费周期，定期生成账单推送到缴费单位或缴费个人。智慧环卫收费系统：账单管理如图8-4所示。

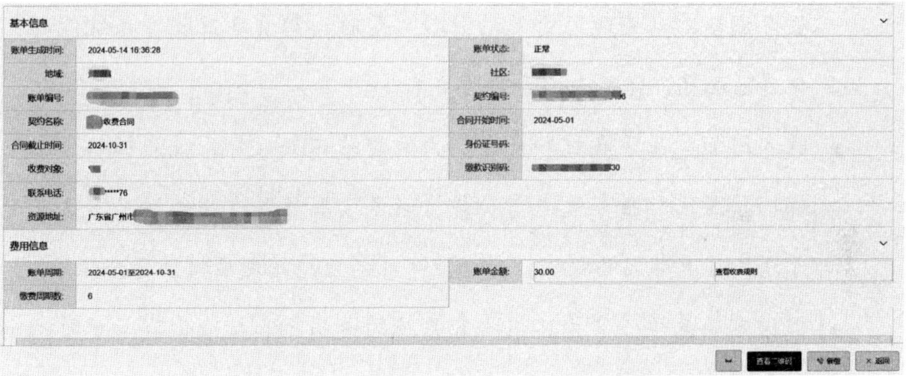

图 8-4　智慧环卫收费系统：账单管理

缴费平台对接非税系统，用户在移动端通过粤缴费小程序进行微信支付，支付款项直接进入国库。同时该平台也支持对公支付。

收费规则配置如下。

- 支持多种收费类型：通过自定义配置，满足物业、住宅、商铺、学校和个人等多种收费单位的收费模式。

- 收费规则自定义配置：同一收费类型支持多种收费规则配置。满足不同的收费场景。支持按年、季度、月份不同时段的收费模式。

- 特殊场景人工调整：人工与自动灵活结合。支持特殊情况人工调整收费明细。

- 收费修改记录留痕：记录收费流程的所有修改调整痕迹，便于追溯。

综上所述，项目目标成果包括用户投诉根因分析系统和数据治理平台，能够提高用户满意度和服务质量，提升企业竞争力和社会价值。

建设成效

经济效益可从以下3个方面分析。

- 成本降低：通过精确计量，环卫部门能够更准确地了解各项服务的实际成本，从而避免资源的浪费。同时，智慧环卫收费系统能够优化资源配置，降低人力和物力成本。

- 收入增加：基于底数和计费能力的智慧环卫收费系统能够确保环卫部门按照实际服务量进行收费，避免了漏收和少收的情况。这有助于增加环卫部门的收入，为环卫事业的可持续发展提供资金保障。

- 促进市场竞争：智慧环卫收费系统的透明化和标准化有助于推动市场竞争，鼓励环卫企业提高服务质量，降低服务成本，从而进一步提升整个行业的经济效益。

社会效益可从以下3个方面来分析。

- 环境质量提升：智慧环卫收费系统的实施有助于提升环卫工作的质量和效率，进而改善城市环境，提高居民的生活质量。

- 社会公平性增强：通过精确计量和计费，智慧环卫收费系统能够确保每位居民都按照实际使用量付费，通过明晰底数、完善场景和改变收费等方式，可以进一步提升工作效率，构筑高效、透明、廉洁的收费机制，实现了社会公平和公正。

- 提升公众意识：智慧环卫收费系统的实施有助于提升公众对环卫工作的认识和重视程度，增强公众的环保意识和责任感。

智慧环卫实践

实践一。某市的区城管局自系统建成上线以来，无论是在城乡接合地区，还是在中心城区，智慧环卫系统的优势都非常显著。24个镇街已全面铺开，底数47.3万条，账单92.4万条，入库总额超3.4亿元，比2023年同期增长73%，增量、总量均居全市第一。

实践二。在镇农村地区形成一套规范的收费路径，主要采用"一村一策"的思路，以行政村通过"四议两公开"民主决策的方式，确定本村的收费办法和标准，并报属地镇街备案。

智慧环卫作为智慧城市建设的关键一环，在推动城乡环卫一体化进程、破解"垃圾围城"困境和促进垃圾分类等方面，发挥着举足轻重的作用。通过数字技术的应用，中数通将不断赋能智慧环卫，为市民创造更加宜居、宜业的舒适生活环境。

（二）智慧气象：防灾减灾，城市安全的"守护者"

随着全球气候变暖形势日益严峻，极端天气多发、频发和重发，人类社会受到严重影响，而智慧气象能在一定程度上赋能防灾减害。

简单来说，智慧气象是通过云计算、物联网、移动互联、大数据和人工智能等新一代信息技术的深入应用，依托于气象科学的技术进步，使气象系统成为一个具备自我感知、判断、分析、选择、行动、创新和自适应能力的系统，让气象业务、服务和管理活动全过程都充满智慧。

我国在"十四五"规划中明确提出，要优化投资结构，加快补齐基础设施、公共安全、生态环保等领域的短板，其中包括气象服务能力的建设。我国政策鼓励通过科技创新提升气象服务的智能化水平，实现气象监测、预报和服务的现代化。此外，中国气象局发布的《气象信息服务管理办法》等法律法规，为气象信息服务的发展提供了政策支持，鼓励依法开展气象信息服务活动，支持科研开发和成果推广应用。

近年来，中国气象服务产业规模持续高速增长，年均复合增长率超过50%。2020年，我国已基本建成适应需求、结构完善、功能先进和保障有力的智慧气象系统。由现代气象监测预报预警体系、现代公共气象服务体系、气象科技创新和人才体系，以及现代气象管理体系构成的气象现代化，初步具备全球监测、全球预报和全球服务的业务能力，整体实力接近同期世界先进水平，若干领域达到世界领先水平。据中国气象协会估算，到2025年，中国气象服务产业规模有望达到3000亿元，这一巨大的市场潜力吸引了政府、企业和科研机构的广泛关注。随着气象信息化建设和IT应用规模的不断扩大，气象服务市场呈现出广阔的发展前景。

◉ 智慧气象赋能各个行业防灾减灾

随着智慧城市建设的推进，人们对精细化、个性化的气象服务需求也在不断增长。而云计算、物联网、大数据和人工智能等技术的发展，为智慧气象系统的建设提供了技术支撑。通过这些技术的应用，可以实现气象数据的高效采集、处理和分析，提高气象预报的准确性和及时性，为政府决策和公众服务提供更加精准的气象信息。

此外，在水利、应急、环境和交通等多个行业中，气象服务发挥着至关重要的作用。例如，水利部门需要根据降雨预报信息及时做出灾害预警和工程调度决策；农业部门则需要根据气象数据来指导农业生产活动。

水利行业

智慧气象系统在水利行业的应用是至关重要的，特别是在洪水预警和旱情监控方面。通过实时监测降水量、水位和气候变化，智慧气象系统为水利部门提供关键数据支持，帮助其及时做出灾害预警和工程调度的决策。此外，智慧气象还支持水资源的合理分配和优化利用，通过精确预测旱涝情况，为水库调度、灌溉计划和洪水应急管理提供决策依据，有效减少极端天气事件对人类社会和生态环境的影响。

农业领域

在农业领域，智慧气象系统的应用促进了农业生产的精准化和现代化，智慧气象系统提供的精确气象数据对于作物种植规划、病虫害防治和农业灾害管理是至关重要的。结合农业遥感技术，智慧气象系统能够指导农民进行作物种植，优化灌溉和施肥计划，提高作物的产量和质量。同时，智慧气象系统还帮助农业经营者规避气象风险，减少自然灾害对农业生产造成的损失。

应急管理领域

智慧气象系统在应急管理领域发挥着核心作用。通过构建统一的预警信息发布平台，智慧气象系统实现了对自然灾害和事故灾难的快速预警和信息发布。气象灾害发生时，智慧气象系统能够迅速将预警信息通知到一线防灾责任人，提高预警信息的传播效率，减少人员伤亡和财产损失，增强了社会的整体防灾减灾的能力。

交通运输行业

智慧气象系统为交通运输行业提供专业的气象服务，包括公路、铁路、航空和海运等。该系统通过监测路面状况、能见度、积雪深度等关键气象指标，为交通安全管理提供决策依据，减少恶劣天气对交通运行的影响。此外，智慧气象系统还为驾驶人员和旅客提供实时的路况和天气信息，提升行车和出行安全，确保交通运输的顺畅和高效。

港口运营领域

智慧气象系统为港口运营提供关键的气象信息，帮助港口管理部门优化作业计划，提高运营效率。通过预测强风、大雾等恶劣天气，智慧气象系统助力港口采取预防措施，确保船舶航行和货物装卸的安全。此外，智慧气象系统还为港口基础设施的维护和管理提供数据支持，降低自然灾害对港口运营的影响。

能源管理

在能源行业，智慧气象系统的应用对于优化能源分配和利用效率具有重要意义。特别是在风能和太阳能等可再生能源领域，智慧气象系统的预测数据对于提高能源产量和降低运营成本是至关重要的。智慧气象系统提供的精确气象数据能够帮助能源企业规划能源生产，优化能源供应和需求平衡，提升能源的利用效率。

旅游规划

智慧气象系统为旅游业提供景点的实时气象信息，帮助旅游规划者优化旅游路线和活动安排。通过预测天气变化，旅游业依托智慧气象系统能够为游客提供更加安全和舒适的旅游体验。此外，智慧气象系统还可以帮助旅游管理部门进行旅游安全管理，规避气象风险，提升旅游服务的质量和游客满意度。

金融行业

在金融行业，智慧气象系统的引入为风险管理、投资决策和用户服务等方面带来了革命性变革。特别是针对保险行业，智慧气象系统能够生成天气保险风险控制地图，利用先进的气象算法对潜在风险进行预测和预警，为保险公司提供实时、准确的监测数据和决策依据平台。智慧气象系统不仅能够对选定的天气要素或自然灾害要素进行预报，还能结合金融市场的动态变化，为投资者提供更精细化的风险管理建议，助力金融行业在变幻莫测的市场环境中稳健发展。

石化行业

智慧气象系统在石化行业的应用有助于提高生产安全度和效率。智慧气象系统监测气象条件，预防可能对石化设施造成威胁的极端天气事件。通过实时的气象数据，石化企业能够及时调整生产计划，确保生产安全，减少自然灾害对石化生产的影响。此外，智慧气象系统还可以为石化产品的运输和存储提供数据支持，优化物流管理。

林业管理

智慧气象系统在林业管理中发挥着重要作用，特别是在森林火灾预防和林业资源规划方面。通过实时监测降水量、气温和风速等气象因素，智慧气象系统有助于指导林业资源的合理规划和利用。智慧气象系统提供的精确气象数据有助于林业管理者进行森林火灾风险评估，制订防火措施，减少火灾

259

对森林资源的破坏。同时，智慧气象系统还支持林业经营者进行林业生产规划，提高林业的生产效率。

智慧气象系统的建设内容是一个多维度、跨行业的系统工程，应当明确建设目标，智慧气象系统的建设目标见表8-5。

表 8-5 智慧气象系统的建设目标

目标	具体内容
数据交易机制	气象服务市场管理有序，依法管理气象事务水平明显提升，为构建气象大数据开放共享机制、开展精细化网格化的气象预报预警服务提供技术支撑
数据共享协作	实现向各相关部门开放气象数据接口，整合、交换和共享气象信息，促进与航运、公路运输、特色农业和种养大户的信息共享和业务协作。强化气象大数据在环境保护、航运、水利、金融保险、农业生产、城市运行管理、城乡规划评估、山洪地质灾害防治、森林火险预警监测、交通与旅游安全保障、公共卫生安全管理、水陆救助等领域的作用
专业气象赋能行业	聚焦信息发布、融媒体一体化管理、灾难型阈值[1]告警等重点细分场景。深入推进气象与生产生活各个方面的融入式发展，打造符合市场需求的个性化气象增值业务服务产品，搭建目标群体由面向公众服务逐渐升级为既面向公众用户又能为专业行业用户定制专有气象信息服务的运营体系，助力开拓气象信息服务新模式
综合先进的现代气象监测预报预警	进一步健全城乡全覆盖的气象公共服务体系，使气象信息及时接入镇街、社区，发现气象设备出现故障以及气象灾情等气象相关突发应急状况时，能够第一时间通过5G网络反馈给气象部门，确保气象监测预报预警信息和防灾减害工作横向到边、纵向到底，进一步完善智慧气象社区服务平台，从而提升气象防灾减灾和公共服务能力

注：灾难型阈值是指自然环境变化超过人类承受能力的界限，导致原本不构成灾害的情况变成灾害。

此外，智慧气象系统具体的构建内容包括技术平台的搭建和数据处理能力的构建，以及服务模式的创新和跨行业应用的拓展。

技术平台与基础设施构建

综合数据中心：建立一个集中式的数据管理和处理中心，以支撑海量气象数据的存储、处理和分析。

云计算与边缘计算：结合云计算的大规模计算能力和边缘计算的实时性，为智慧气象系统提供强大的数据处理支持。

数据采集与集成

多源数据融合：整合地面观测、卫星遥感、雷达监测等多种数据源，形成全面覆盖的气象监测网络。

实时数据流处理：开发高效的数据流处理系统，实现对实时气象数据的快速响应和分析。

预报模型与算法创新

高精度数值预报模型：研发适应不同地区和不同气象条件的数值预报模型，提高预报的精确度和分辨率。

人工智能与机器学习：应用AI技术对气象数据进行深度学习和模式识别，优化预报模型和提升预测能力。

跨行业应用开发

专业气象服务产品：针对航空、港口、农业、能源和旅游等不同行业的需求，开发专业化的气象服务产品。

定制化解决方案：提供定制化的气象服务解决方案，帮助各行业优化运营效率，降低气象风险。

智慧气象系统为公共服务领域提供广泛的应用，包括为公众提供及时、准确的气象信息，改善生活和出行体验。智慧气象系统通过多渠道发布气象预警信息，帮助公众规避气象风险，减少自然灾害对公众日常生活的影响。同时，智慧气象系统还支持环境保护工作，通过监测空气质量和气候变化，为环境政策的制定提供数据支持，促进生态环境的可持续发展。

智慧气象系统通过跨行业应用，不仅提升了各行业的运行效率和安全性能，还为政府决策、企业运营和公众生活提供了重要的信息支持，实现了经济效益与社会效益的双赢。

服务平台与决策支持系统

一体化预警信息发布平台：构建一个集中的预警信息发布平台，实现多渠道、多形式的信息发布。

决策支持系统：为政府部门和企业管理提供决策支持，通过气象数据分析，辅助制定科学决策。

用户交互与体验优化

多端用户界面：开发适用于不同用户群体的界面，包括移动应用、网页平台和专业软件等。

交互式服务：提供交互式的用户服务，例如语音交互、智能推荐等，提升用户体验。

安全性与隐私保护

数据安全：实施高标准的数据加密和安全措施，确保数据传输和存储的安全。

隐私保护：遵守相关法律法规，对用户数据进行匿名化处理，保护个人隐私。

政策与法规支持

政策法规制定：与政府部门合作，参与制定智慧气象相关的政策法规，推动行业标准化发展。

合作与交流：建立与国内外气象机构的合作关系，促进技术交流和资源共享。

教育培训与科普

专业人才培养：与教育机构合作，培养气象学科的专业人才，支持气象行业的长远发展。

气象科普教育：开展气象科普活动，提高公众对气象知识的认识和理解。

经济效益与社会价值

商业运营模式：探索可持续的商业模式，实现智慧气象服务的商业化运营。

社会服务价值：通过智慧气象服务，提升公共服务水平，为社会经济发展作出贡献。

智慧气象系统的建设是一个全面、系统的过程，它不仅需要技术创新和基础设施建设，还需要服务模式的创新和跨行业应用的拓展。通过这些综合性的建设内容，智慧气象系统将能够更好地服务社会各个领域，为公众生活和社会经济发展提供强有力的支持。

第九章

其他领域:
数字技术点亮未来智慧民生

今天，智慧民生正逐步成为社会发展的新焦点。在本篇的最后，我们将关乎国计民生的两大领域—智慧教育与智慧医疗作为补充说明，将一些观点与大家分享。

智慧教育是未来教育的新形态。在数字化浪潮中，教育将如何转型，又该如何把握转型的契机，成为我们不得不面对的重要课题。而"黑科技"的涌现，更是为教学范式的变革提供了强大的动力，让个性化教育成为可能。

与此同时，智慧医疗的兴起，正在重塑我们的就医体验。在数字技术的赋能下，医疗服务的界限被打破，科室与地域的壁垒逐渐消失。"互联网+健康医疗"的新模式，正以前所未有的速度改变着我们的健康管理方式，让医疗服务更加便捷、高效。

智慧教育与智慧医疗，如同数字经济时代的双翼，正带着我们对美好生活的向往，飞向更加光明的未来。在这一章，我们希望通过探讨这两个与民生息息相关的领域，为大家提供一个观察和理解数字化转型的窗口。

一 智慧教育：未来教育是个性化教育

（一）教育的数字化转型：转什么、怎么转

随着信息技术的迅猛发展，数字化转型已成为各行各业不可逆转的趋势，教育行业也是如此。教育领域的数字化转型不仅标志着技术层面的革新，更是一场涉及教育理念、教学模式和管理体系等全方位的深刻变革。然而，教育的数字化转型究竟要转什么、怎么转？

◉ 利用数字技术推动教育领域的全面革新

教育数字化转型的核心在于利用数字技术推动教育领域的全面革新。这一转型并非简单地在传统教育模式中融入数字化元素，而是通过信息技术与教育的深度融合，创新教育理念、教学方法和评价体系，实现教育资源的优化配置和教学质量的全面提升。教育数字化转型涵盖（但不限于）利用数字技术改造和优化教育模式、内容、工具和方法的全过程，旨在提升教育的质量和效率。这一转型的关键要素包括教学内容的数字化、教育资源的共享、教学方式的创新、学习过程的个性化，以及评估方法的多样化。

相较于传统教育，数字化转型后的教育更加注重以学生为中心，强调学习的主动性和互动性。传统教育往往以教师为中心，采用一对多的教学模式，而数字化转型后的教育则倾向于采用翻转课堂、在线协作等多元化的教学策略。此外，数字化转型后的教育还能够借助大数据分析学生的学习行

为，为每个学生提供定制化的学习路径。

教育数字化转型的目的

具体来说，教育数字化转型的目的主要有以下4点，教育数字化转型的目的和具体内容见表9-1。

表 9-1 教育数字化转型的目的和具体内容

目的	具体内容
提高教育质量	教育数字化转型的首要目标是提升教育的整体质量和效率。通过引入智能教学系统和在线评估工具，实现精准的教学分析和个性化的学习支持，教师可以实时查看学生的学习进度，及时调整教学策略，从而提升学生的学习效果和综合素质
促进教育公平	教育数字化转型还致力于通过提供远程教育和开放教育资源来促进教育公平，打破地域和资源的限制，让优质的教育资源惠及更多学生，有效缩小教育鸿沟
培养创新人才	教育的数字化转型旨在满足社会发展和技术革新对人才的需求。随着技术的发展，未来的工作场景将更加依赖数字技能。因此，教育系统必须提前做好准备，适应未来社会发展的需求，培养学生的数字素养和创新能力，造就具备创新思维和解决问题能力的新型人才
推动教育治理现代化	利用大数据、人工智能等技术手段，提高教育管理和决策的科学性和有效性

教育数字化转型的路径

教育数字化转型的路径和具体内容见表9-2。

表 9-2 教育数字化转型的路径和具体内容

路径	具体内容
建设数字化基础设施	基础设施是数字化转型的基石。这包括硬件设施（例如台式计算机、平板计算机、智能教室）的建设，以及软件设施（例如学习管理系统、云计算服务）的部署。完善教育专网、校园网络、数据中心等基础设施建设，可为教育数字化转型提供坚实的技术支撑

路径	具体内容
创新教学模式和方法	教学模式和方法的创新是教育数字化转型的核心。利用数字技术构建线上线下相结合的教学模式，推动翻转课堂、混合式教学、项目式学习、在线协作等教学创新实践
开发数字化教育资源	教育资源的数字化是转型的关键环节。建设优质数字教育资源库，促进资源的共享和高效利用。这包括教材、课件、视频讲座等内容的数字化处理，以及开放式在线课程的开发和应用
提升教师数字素养	师资的培训和发展是确保教育数字化转型成功的关键因素。教师需要掌握新的教学工具和方法，更新教育理念。因此，应加强教师信息技术能力培训，培养一支具备数字化教学能力的教师队伍
完善教育评价体系	建立多元化、过程性的教育评价体系，充分利用数据分析技术优化评价过程

教育数字化转型面临的挑战

教育数字化转型面临的挑战和具体内容见表9-3。

表 9-3　教育数字化转型面临的挑战和具体内容

挑战	具体内容
教师角色与能力的重塑	在教育数字化转型过程中，师资的能力不足和对新技术的接受程度低是两大难题。教师需要适应新的角色定位，接受培训以掌握数字化的教学工具和方法，但这一过程可能遭遇诸多阻力
学生信息素养的提升	学生的信息素养不足和"数字鸿沟"问题同样不容忽视。特别是在边远和经济欠发达地区，并非所有学生都具备适应数字化学习环境所必需的数字技能
数据安全与隐私保护	随着教育数据的日益增多，数据安全和隐私保护成为紧迫的问题。在数字化转型的过程中，学校和教育机构必须确保学生和教师的个人信息不被泄露或滥用
技术与资金保障	许多教育机构，尤其是边远地区的学校，缺乏必要的技术基础设施和设备。同时，即便拥有硬件设施，软件和内容的持续更新也需要稳定的资金投入

挑战	具体内容
传统教育观念的束缚	部分教育工作者和家长对教育数字化转型持保守态度。如何消除观念障碍，实现信息技术与教育教学的深度融合，避免"两张皮"现象，是亟待解决的问题

教育数字化转型是一个长期且复杂的过程，需要科技企业联合政府、学校、教师、学生和家长等多方共同努力，始终坚持以学生学习为中心，以提升教育质量为核心目标，才能推动教育数字化转型走向深入并取得实效。

（二）"新"中有"数"：推动教学范式变革的"黑科技"

想象一下这样的场景：

当我们走进现代化的课堂，教师正利用数字黑板和智能教学助手，为学生们推送着丰富的课程资源和互动游戏，使课堂教学变得生动有趣；自习时，学生们只需要轻轻一点平板计算机，就能登录国家智慧教育平台，眼前顿时展现出琳琅满目的数字资源和应用场景；午休时分，学生们通过电子班牌轻松拨通了妈妈的电话，兴奋地分享着自己的学习心得……

在数字化浪潮下，一根根网线成为消弭教育数字鸿沟的桥梁，促进了教育的优质均衡发展；一块块屏幕连接起不同的课堂，不断地改变、改善并提升着教育质量；一个个教育平台汇聚了海量的课程资源，助力实现了人人皆学、处处能学、时时可学的美好愿景。

◉ 数字化为中国教育注入新活力："新"与"数"并驾齐驱

2024年《政府工作报告》明确提出：要大力发展数字教育。2024年3月

9日，教育部部长怀进鹏在民生主题记者会上强调：对于中国这样一个人口众多、发展不平衡的大国而言，实现教育的高质量发展，数字教育绝非可选可不选的选修课，而是必修的必选课。它不仅具有深远的意义，更在实践中展现出了实实在在的成效。

那么，我国的数字教育发展究竟有多迅速呢？2024年1月，在上海举办的2024世界数字教育大会上，中国教育科学研究院发布的全球数字教育发展指数给出了答案：短短3年间，中国的排名从第24位跃升至第9位。具体表现如下。

基础设施日益完善

目前，我国各级各类学校的互联网接入率已经达到100%，超过3/4的学校实现了无线网络覆盖，99.5%的学校配备了多媒体教室。教育新基建正稳步推进，积极布局教育专网建设，推动5G、IPv6等先进技术的落地应用。各地学校也在加快建设智能交互教室、虚拟仿真实验室等现代化教学场所，加强物理空间与虚拟空间的深度融合，推动教育基础设施实现迭代升级。

优质资源普惠共享

2022年，教育部启动了国家教育数字化战略行动，国家智慧教育平台也随之上线。据统计，该平台已经连接了51.9万所学校，辐射了1880万名教师、2.93亿名在校生和广大的社会学习者。

2023年，国家智慧教育平台项目更是荣获了联合国教科文组织教育信息化奖。目前，该平台已经覆盖了基础教育、职业教育和高等教育等各个阶段，涵盖了德、智、体、美、劳等各个方面，优质资源供给不断增加。

其中，国家智慧教育平台中的国家中小学智慧教育平台的资源总量已经增加到8.8万条，职业教育平台在线精品课超过1万门，高等教育平台上线优质慕课也超过了2.7万门。

随着大规模应用的持续推进，我国优质的教育数字资源覆盖面显著提升。为了缩小区域之间的差距，我国实施了"慕课西部行计划2.0"，提供了19.8万门慕课及定制化课程，服务了西部高校学生5.4亿人次。同时，为了推进乡村振兴，2023年，我国启动了首期数字支教创新试验，为1.4万名乡村中小学生送去了科普、艺术类等课程2500多节。

如今，借助数字教育的力量，更多优质教育资源得以突破时空限制、联通城乡、跨越山海，以教育公平增进社会正义。例如，位于上海市的华东师范大学的志愿者们可以通过智慧教育平台与远在云南省寻甸县的小学生们共同体验传统文化、感知科技前沿、交流内心世界。

除了上述这些"数"，人工智能也开启了数字教育的"新"篇章。

当前，人工智能正以前所未有的深度和广度赋能中国教育，使数字教育成为人工智能发展的新蓝海。以智能助教为代表的"黑科技"不仅推动了教学范式的深刻变革，也显著提升了教师的数字素养。无论是在边远的高海拔地区，还是在人口密集的一线城市，人工智能的技术赋能都对教育发展产生了积极且深远的影响。

在北京市史家小学，教师们借助人机互动和大模型技术，能够跨学科讲解内容，学生们也能随时与机器人进行互动提问，这使课堂的互动性和解决问题的速度比传统教学模式有了大幅提升。而北京交通大学附属小学则利用智能助教的智能评测、作业管理、课堂互动管理等功能，对学生的知识掌握情况和作业提交情况进行实时监测与反馈，教师们根据数据可以及时调整教学细节和管理策略，教学过程数据的收集与分析能力得到了大幅提升，从而增强了教学的针对性。

在青海省玉树藏族自治州治多县完全小学，晨读、范读、背诵检查、口语评测等环节全部由智能助教机器人来完成，迅速解决了教师普通话和英语发音不标准的问题，有效提升了该校师生对国家通用语言文字的应用能力。

智能互联黑板、3D实验模拟舱、自动评卷分析系统……这些先进技术的迭代更新不仅助推着教学设备和教学方式的推陈出新，也驱动着上千万名教师不断学习、提高自身的数字素养。

（三）转变教师角色，提升数字素养

2023年，教育部发布了《教师数字素养》行业标准，明确了教师数字素养的内涵：即适当利用数字技术获取、加工、使用、管理和评价数字信息和资源，发现、分析和解决教育教学问题，以及优化、创新和变革教育教学活动而具有的意识、能力和责任。那么，如何有效培养教师的数字素养？各地各校在此方面做出了哪些探索和实践？又该如何缩小城乡教师在信息技术应用方面的差距，让教师的教学更具创造性？

◉ 教育领域数字化变革：聚焦教师数字素养的提升

在智慧教育这场变革中，教师作为实践者的角色愈发重要，其数字素养成为教育变革的核心要素。教师的数字素养不仅涵盖了技术技能的掌握，更强调对信息的批判性理解、有效利用及创新发展。提升教师的数字素养，不仅关乎教师个人的专业成长，更是构建面向未来教育的关键所在。

项目驱动实践：在行动中构建数字化知识

数字化时代赋予了教师新的角色定位，他们不仅是知识的传递者，更是学习的共同参与者。因此，我们需要在教师的专业发展中重新考虑技术的整合方式，通过实际教学应用，多维度提升教师的数字素养。

以江苏省南京市朝天宫民族小学的"翻转课堂"项目为例，该项目成功实现了理论与实践的融合，不仅帮助教师们掌握了技术操作，更推动他们转变了教学理念。

具体而言，"翻转课堂"项目的实施分为两个关键步骤。

第一，教师们通过学习认识到微课制作的多样性和必要性，进而根据学科内容和学生需求设计多种类型的微课。这一过程本身就是教师数字素养提升的重要体现，因为它要求教师评估信息源的质量，选择合适的技术工具，创造性地设计课程内容，并有效地传递给学生。

第二，随着微课制作和应用能力的提升，教师们进一步学习了如何通过各类平台发布微课、监测学生的学习情况，并根据在线测试的反馈数据调整自己的教学设计。这不仅要求教师们提高信息的收集和分析能力，还要求教师们具备依据信息灵活调整与创新教学策略的能力，这是高水平数字素养的重要体现。

项目式学习不仅使教师在实践中构建了相关的数字化知识，还通过具体的实践情况促进了教师的数字化意识、数字技术知识与技能、数字化应用等多维度数字素养的综合提升。

专题培训突破：目标导向的技能与创新能力提升

在科技迅猛发展的时代，教师们面临着不断涌现的新技术、新应用和新理念的挑战。为了提升教师们在"专业发展"这一数字素养重要维度上的能力，专题培训显得尤为重要。这种培训不仅帮助教师们实现对特定技能的专项突破，还在头脑风暴的过程中促进教师们提升数字化教学研究与创新能力。

科学的理论指导是确保培训内容前瞻性和实效性的关键。依据相关教育理论，专题培训应通过实践体验和案例分析相结合的方式，提高教师的技术理解和应用能力；同时，专题培训通过提升教师们的自我效能感，激励他们在教育实践中积极运用新技术，从而提高教学的质量和效果。总之，专题培训应坚持理论与实践并重的方法。通过科学的理论基础和具体实践应用的结合，不仅能有效提升教师们的技术技能，还能进一步提高教师们的教学质量和学生们的学习体验。

技术融合与创新：推动教育实践的深化发展

在提升教师数字素养的策略中，展示技术在教育教学中的具体应用和价值显得尤为重要。只有这样，才能激发教师的内在动力，增强其主动性和积极性。

以语文教学实践为例，教师们可以同时运用视频剪辑软件和电子书制作工具来丰富课堂内容。教师们可以指导学生们使用视频剪辑软件，将校园春季的景色与学生们朗读的诗歌相结合，创作出有视觉与听觉效果的多媒体作品，从而提高课堂的互动性和趣味性。同时，教师们还可以使用电子书制作工具，让学生们的文字作品和艺术创作在班级内外得到广泛分享，进一步激发学生们的创作热情。

数字素养的提升不仅仅是技术技能的增强，更是教育理念和方法的现代化。

前沿探索与引领：助力教师走在技术前沿

在提升教师数字素养的策略中，引导教师走在技术前沿是至关重要的。在数字经济时代，信息技术快速发展，教学实践也随之不断变化。因此，教师应始终保持学习热情和求知状态，才能真正成为数字经济时代的合格教师。

随着生成式大语言模型的发展，人工智能技术正快速融入人们的生活。同时，虚拟人体形象技术、虚拟现实、增强现实、混合现实等也在飞速发展。如何认识这些新技术并将其有效运用于教学实践和学生的自主学习中，是每一位教育工作者都需要面对并解答的问题。这需要所有教育工作者不断学习新技术，并在教学实践中不断尝试、反复磨合。

项目驱动实践、专题培训突破、技术融合与创新，以及沿探索与引领这四大策略，不仅促进了教师们数字素养的提升，还推动了教师们教育理念与教学方法的现代化，使他们更加适应信息时代的要求。这些实践策略能够让教师们的信息技术素养得到综合提升，使他们在教育实践中的角色逐渐由传统的知识传递者转变为创新引导者。

二　智慧医疗：以患者和价值为中心服务健康中国

（一）智慧医疗：重塑就医体验，跨越科室与地域的界限

智慧医疗（WITMED），作为新兴的专有医疗名词，正引领着医疗行业的革新。它依托于健康档案区域医疗信息平台，借助先进的物联网技术，实现了患者、医务人员、医疗机构和医疗设备之间的无缝互动，逐步推动着医疗信息化的进程。

智慧医疗的核心架构由智慧医院系统、区域卫生系统和家庭健康系统3

个部分构成，共同编织起一张全面覆盖的医疗网络。

当前，我国公共医疗管理系统面临诸多挑战，例如医疗成本高昂、就医渠道有限、服务覆盖面狭窄等，这些问题深切地影响着人们的生活品质。尤为突出的是，低效的医疗体系、参差不齐的医疗服务质量，以及"看病难、看病贵"的现状，已成为社会关注的焦点。大医院人满为患，而社区医院门可罗雀，患者就诊手续烦琐复杂，这些现象的背后，是医疗信息流通不畅、医疗资源分配不均及医疗监督机制不完善等深层次原因。

因此，构建一个智慧医疗信息网络平台体系显得尤为迫切。这一体系旨在通过缩短患者的等待时间、降低医疗费用支出，让广大人民群众能够享受到安全、便捷、优质的诊疗服务。从根本上破解"看病难、看病贵"的难题，真正实现"人人健康，健康人人"的宏伟目标。

近年来，在我国医改的大潮中，智慧医疗正逐步走进千家万户，成为寻常百姓生活中的重要组成部分。随着物联网技术的飞速发展，医疗服务正逐渐变得更加智能化与个性化。物联网技术赋能医疗设备，可实时收集并传输患者健康数据，为医生提供更全面的诊疗信息。同时，大数据分析技术助力医疗机构从海量医疗信息中挖掘有价值的数据，从而优化诊疗方案。

以北京协和医院为例，其远程医疗服务的开展成为智慧医疗的重要里程碑，此服务不仅构建了多功能、高效能的医疗体系，还积极应对了医疗资源分布不均的问题，为中国乃至全球的智慧医疗发展提供了宝贵经验。

⊙ 从患者视角看智慧医疗：重塑就医体验，跨越科室与地域的界限

过去，患者就医往往需要经历挂号、初诊、血液检查、影像检查、治疗

和复诊等多个环节，不得不在医院的各科室间奔波。

你是否察觉到，如今前往医院就医的流程变得异常简单？

借助线上挂号系统，患者可以轻松预约专家号，从而避免了冗长的排队等待；医疗设备的互联互通使得检查结果能够在医生与相关部门间迅速传递，极大地提升了诊疗效率；患者可以根据自己的日程安排，提前在线挂号，合理规划就医时间，直接前往指定科室，实现几乎"零等待"的看诊体验……

这种就医流程便捷性的显著提升，正是医疗健康行业技术革新的直观体现。

打破了科室间的壁垒，实现了跨科室的"一站式"医疗服务

在数据和技术驱动的时代，智慧医疗正逐步成为现实，它不仅深刻改变了患者接受医疗服务的方式，更极大地提升了医疗服务的质量和效率。智慧医疗的技术图谱全面展示了这一变革，从射频识别（RFID）、传感器、电子纸、安防、通信定位到云平台，每一项技术都是这个生态系统中不可或缺的一部分。

提供了报告检测、药品配送的"一站式"解决方案

通过大数据技术，智慧医疗为互联网医疗提供了有力的支持。在检测报告方面，人工智能的精准性极高，因此患者无须担心机器解读的化验报告是否准确。无论是看病还是希望尽快拿到检测数据，智慧医疗都能提供报告解读的解决方案。同时，对于出院的患者、老年人或不方便来看病的患者，智慧医疗还提供了药品配送服务，实现一步到位。

打破了科室的界限，还跨越了地域的鸿沟

现在有许多App能够实现远程医疗，包括药品配送。例如，在网上开

具的中药处方，只需要在App上付费，药品就能直接煎好并送到患者家中，重庆市已经实现了这样的便利服务。对于患者来说，如果有了全程的健康管理，那么无论在哪个医院检查，所有的资料都可以协助整理、汇总和分析，并给出准确的判断，这无疑打破了传统医疗的地域壁垒。

作为一套融合物联网、云计算等技术，并以患者数据为中心的医疗服务模式，智慧医疗是生命科学和信息技术交叉学科的产物。它为用户提供医疗健康互动服务保障，并逐渐成为未来生活中必不可少的一部分。实际上，互联网和智慧医疗带来的便利性已经深入每一个人、每一个家庭，以及每一个医疗机构健康管理的方方面面。未来，还会有更多地区、更多的医院科室和医院管理进入智慧医疗的新时代。

（二）数字技术赋能下的"新医疗"：互联网+健康医疗

"互联网+健康医疗"，这一被赋予"新医疗"称谓的领域，是近年来科技进步的杰出产物。在传统的医疗模式下，医生与患者需要面对面诊疗，而互联网的融入则开创了远程诊断与远程院后管理的新模式。在诊断手段方面，以往主要依赖医生的个人经验与判断，但随着人工智能技术的崛起，人工智能正逐步承担起医生诸多繁重的工作。

以金山科技的胶囊内镜为例，其能拍摄超过10万张图片，持续工作18～20h，数据量庞大，相当于10G的内存。在传统医疗模式下，医生需要逐张审阅，耗时耗力且难以保证质量。而人工智能的深度学习技术，通过积累案例、智能筛选图片，能在数秒内完成全部图片的审阅，并精准提取出病变图片，生成诊断报告，这无疑是新医疗模式的生动体现。这种新医疗模式将对整个医疗行业产生变革性影响，为人类带来前所未有的福祉。

⊙ 科技赋能医疗新纪元：智慧引领，健康中国

"新医疗"之所以被称为"新"，主要基于两大核心要素：一是，医疗信息的可获得性；二是，智慧医疗的技术性也是其"新"的重要体现。在消费升级的大背景下，人们的医疗健康需求正从"疾病治疗"向"健康管理"转变，且日益增长。得益于互联网、大数据、人工智能等技术的飞速发展，"互联网+健康医疗"作为医疗领域的新技术与新模式，正成为推动传统医疗行业变革的内生动力。其"快速、便捷、精准"的智能技术特性，为人们提供了"一站式"的医疗健康服务解决方案。

科技赋能，构建全民健康管理体系

新时代，人们对健康的期望值不断攀升，同时健康危机也逐渐显现。面对这一形势，我国采取了一系列措施，其中最重要的是依托与时代发展相适应的新技术、新途径和新手段。为此，未来应当充分打通网联体，构建全民健康管理体系，采用数字技术，全面筛查全民的健康状况。

借势科技，走智慧医疗道路

从医疗发展来看，我国的医疗经历了很多阶段，但到目前这个阶段，传统医疗模式已经不适应现代社会的发展了，必须借助互联网，走智慧医疗的道路。随着互联网、大数据、云计算的发展，健康管理迎来了新的发展机遇。为满足不断增长的健康管理需求，我国开始提倡"互联网+健康医疗"，并率先应用健康管理互联网技术。

实施健康中国战略：迈向全民健康

实施健康中国战略，不仅体现了人民对美好生活的深切向往，也是实现全民健康、全面小康的重大决策。当前，医疗行业正经历着深刻变革，逐渐从传统的疾病治疗模式向全面的健康管理模式转变。

事实上，真正到医院就医的人群仅占全体人口的一小部分，而大部分人处于亚健康状态。因此，未来健康管理中心的工作重心应与临床门诊有所区分，不应仅仅按照临床标准进行判断。未来健康管理中心的任务是在健康的人群中挖掘潜在的风险人群，并进行干预，特别是针对慢性病，例如肿瘤、心血管和脑血管疾病等，这些疾病更需要在家庭和日常生活中进行干预。

如今，网络已经渗透到生活的方方面面，因此医疗应结合互联网，利用这种无处不在的技术手段，提醒人们关注自己的健康。

"医治未病"：全面纳入健康管理参数

谈及健康管理，我国有着悠久的历史传统。中医的"医治未病"思想就是通过调理人的体质来达到防病的效果。如今，我国也在积极落实这一理念。我们所熟悉的健康管理包括对新生儿、儿童的管理，以及疫苗预防接种等。然而，在少年或成年之后，健康管理往往仅限于体检。

实际上，健康管理的内容远不止于此。人从出生开始，全程的健康管理就涉及许多方面，例如身高、体重、血压和血糖等。在成长的过程中，各项健康参数都应被纳入健康管理内容，而不仅仅是每一年或半年到医院进行一次体检。

随着信息技术的迅猛发展和智慧医疗理念的深入人心，智慧医疗正逐步成为我国医疗卫生事业发展的重要推动力。相信在不远的将来，智慧医疗将更加深入地渗透到医疗服务的每一个环节，为我们带来前所未有的高效便捷、贴心舒适的医疗体验。这一变革不仅将极大地提升医疗服务的质量，更将为建设健康中国宏伟目标注入强大动力。让我们共同憧憬着智慧医疗行业的蓬勃兴起，并携手努力，为构建更加智慧、更加人性化的医疗体系而奋斗。

第三部分

数通未来

站在数字经济的浪潮之巅，新质生产力已成为推动社会进步和经济增长的新引擎。数字经济如同一盏明灯，照亮了前行的道路，引领我们迈向更加广阔、更为精彩的未来世界。这个世界具有颠覆性、全局性和根本性的特点，是宏观经济的新形态。

未来，数字经济将不再局限于特定的产业或集群，而是成为宏观经济新动能的核心驱动力。从技术层面来看，它决定着企业的竞争力；从全球视角来看，它影响着国家的综合实力和影响力。

中数通自1997年成立以来，经过近30年的发展，在软件开发、增值运营、系统集成和云运营服务等领域积累了丰富经验。作为国内重要的云运营服务提供商，中数通凭借其全链条云服务和领先的场景数字应用服务两大核心科技能力，持续以科技创新为引擎，全力赋能并加速数字中国的宏伟蓝图构建与发展进程。

无论未来环境如何变化，中数通都将秉持服务数字中国的信念，坚持长期主义，不断提升自我，走一条与合作伙伴共生、共融、共存和共赢的可持续发展之路。

第十章

未来的商业力量：
共生、共融、共存、共赢

在数字经济时代，企业如何实现进化与蜕变是我们共同面对的课题。本章我们将一同探索通往未来商业的关键力量，这种力量源于共生、共融、共存、共赢的智慧与实践。其中，共生与共融不仅是企业间合作的新模式，更是商业生态系统中不可或缺的一环，它们共同构建了共存与共赢的坚实基础。

在这一章中，我们将逐一解答"新质之题"，探讨长期主义在商业领域的深远影响。坚持长期主义，不仅体现了企业对可持续发展的追求，也展现了对时代变化的深刻洞察与积极应对。而利他思维，作为商业追求的最高境界，将引领我们走向更加和谐、共赢的商业未来。在这个全新的商业生态系统中，我们必将迎来一个充满无限可能的崭新数字经济时代。

一 云端起舞：数字化转型中的企业成长之路

◉ 解"新质之题"：向"数"而新，向"新"而兴

自1994年我国接入多功能互联网以来，数字经济这艘巨轮便乘风破浪，不断加速前行，成为破解我国结构性问题的关键路径，也是我国与世界对话的重要桥梁。我国企业正积极参与全球数字经济竞争，并引领世界数字经济深刻变革。

数字科技的日新月异、数实融合的持续深化、数智一体的加速提质，以及数字产业集群的崛起，预示着数字经济将成为我国经济增长的新动力、产业创新的基本盘，以及培育新质生产力的核心阵地。

◉ 解锁"新质之题"：数字见"质"，中国向"新"

2024年，新质生产力成为热点话题。2024年《政府工作报告》明确将"大力推进现代化产业体系建设，加快发展新质生产力"列为首项任务，并强调"深入推进数字经济创新发展"。

新质生产力从字面上理解，代表着与传统生产力有区别的、具有新型特质的生产力。随着我国迈入高质量发展的新阶段，过去那种主要依赖资源要素投入来推动经济增长的模式已经难以为继。因此，新质生产力更深层次的内涵是以科技创新为核心的生产力，是摆脱了传统增长路径束缚、符合高质量发展要求的生产力形态。

数字经济作为培育新质生产力的关键引擎，预示着未来将是一个向"数"而行、蓄"势"待发的新世界。如今，数字经济已超越单一产业和集

群的范畴，成为宏观经济新动能的核心驱动力。因此，应将数字经济提升到培育新质生产力的战略高度，作为重构生产力、重塑生产关系的关键抓手和战略高地。基于此，有两个问题值得关注。

问题1：我们离"开放自信"还有多远？

在全球竞争中，我国数字经济头部企业与国际数字经济头部企业（如苹果、Meta等）仍存在差距，境外营收占比总体偏低。尽管近年来我国数字经济企业走出去的步伐在加快，但其国际布局能力仍亟待提升。

问题2：我们离"数据赋能"还有多远？

数字治理是全球性难题，完善数据治理体系和数据监管规则是数字经济高质量发展的基本保障。要实现从"使用数据"到"数据赋能"的转变，应逐渐完善数据确权、数据交易、数据流通、数据出境和安全监管等领域的标准规范、法律法规建设。

⦿ 非常之道：以数字见证"质"变，中国迈向"新"征程

数字经济是培育新质生产力的关键所在。过去，我国数字经济的发展基调高昂，一路高歌猛进。未来，我们应该在以下4个方面继续发力。

聚焦前沿技术：布局数字经济新赛道

战略性地制订数字经济大科学计划，例如未来超级计算机、下一代智慧大脑、工业大模型等，通过这些计划吸引全球科学家和科技人才。同时，加强处理器、服务器、控制器、存储器、核心芯片、基础架构软件、操作系统和分析软件等算力系统关键零部件和软件系统的研发制造能力，以科技创新推动产业创新，催生新产业、新模式、新动能。

加快发展智算产业，建设涵盖人工智能训练、推理等关键领域的云端智能算力集群，以及计算机视觉、自然语言处理、智能语音等重点技术方向的先进算法模型集群，大力发展新质生产力，形成创新的闭环。

拓展数字应用：开放多元应用场景

建立场景培育的长效机制，形成数字经济创新发展的"场景清单"，在场景开放共享中加快形成数字经济的核心竞争力。充分发挥创新的主导作用，以科技创新推动产业创新，加速新型工业化进程，提高全要素生产率，不断塑造发展新动能和新优势，推动社会生产力实现新的跃升。

鼓励有条件的城市布局下一代超算中心，加快构建"边缘计算+智算+超算"多元协同、数智融合的算力体系，为经济社会的发展提供充足的算力资源，支持各行业的数字化转型和创新发展。

优化营商环境：培育数字竞争力

打造更加包容创新的数字经济营商环境，优化数字经济平台生态治理，率先探索并实施监管政策体系。将数字经济领域的链主企业、平台企业、头部企业作为数字经济战略性企业进行培育，以企业的国际竞争力作为战略性企业培育的目标，并提供"一企一策"的重点支持。

积极孵化新模式、新领域的新型企业，在元宇宙、数字人、智算产业等领域加大扶持力度，培育未来的独角兽企业群。

支持开放发展：打造数字经济生态圈

支持数字企业出海，鼓励软硬协同、大企业的生态协同等多种模式，采取军团式、集群式的数字出海策略。鼓励企业在海外做大做强，并在全球化布局中取得更大成就。同时，持续开拓数据开放的新"丝路"，构建全球数据流通的中国方案。

探索设立"数据跨境流动试验区"，在粤港澳大湾区等地试点推进可视可控的跨境数据双向流通。以大企业、平台企业为重心，创新企业业务数据流通管理机制和政企数据跨境协同合作机制。

要实现这些目标，我国需要联合更多的科技企业，集结创新力量。值得欣慰的是，近年来，我国积极顺应数字化、网络化、智能化和绿色化的发展趋势，努力从互联网时代的"后来者"转变为新一轮信息革命的"引领者"。

"新质生产力"的提出为我国指明了以科技创新推动产业创新、以产业升级构筑竞争优势的前进方向。为了加快形成新质生产力，加速科技成果向现实生产力转化，为中国经济高质量发展提供更多新的竞争力和持久动力，我国必须加大源头性技术储备，积极培育未来产业。无论未来的浪潮流向何方，顺应历史潮流，方能与时代同行。

◉ 共生、共融才能共存、共赢

当我们回顾人类与自然的成长历史时，会发现竞争的基础实际上是合作。沿着这一思路深入思考，企业作为一个有生命的组织，其力量的源泉何在？一条至关重要的进化路径就是共生。共生才能共融，从而在激烈的竞争中共存、共赢。

20世纪后期以来，"共生"这一词汇在企业界广泛出现。特别是在企业合作方面，企业与企业之间，甚至竞争对手之间，大家通过合作寻求双赢，从而为双方创造更有利的生存空间。在当今这个高度互联的世界中，企业未来的发展不仅仅是单打独斗或简单的竞争。相反，构建协同共生的生态系统成为企业未来发展的关键。

那么，什么是协同共生？它将如何影响企业的未来发展？

协同共生，顾名思义，是指企业与其他企业或机构之间通过相互合作、共享资源、互利共赢的方式，实现共同发展和繁荣。这种发展模式强调的是企业间的相互依赖和互补性，而非单纯的竞争关系。

● 数字经济时代的企业"共生"理念

在数字经济时代，我们为何要坚持共生理念？

第一个原因：物理世界和数字世界的共生

物理世界和数字世界必须是共生的，它们的融合是必然趋势。如果只在物理世界生存，那么就会停留在工业时代；而如果只在数字世界生存，那么就会停留在"互联网1.0时代"。"互联网2.0时代"之后，所有数据头部企业都要转移到线下，而所有传统企业都在努力进行数字化转型。因此，共生的第一个原因是新世界对我们提出了要求。

第二个原因：价值来源的变化

为什么今天企业成长的速度非常快？以前很难想象会出现万亿美元市值的公司，但如今多家公司的市值已超过2万亿美元，苹果还一度突破3万亿美元。以前我们很难想象一家企业在8~9年内就能位列世界500强，销售额从0美元增长到超过300亿美元。

这些之所以会发生，很重要的原因是价值产生的来源变了。传统企业的价值产生来源只有一个，即企业通过服务或产品创造出的价值。但在数字世界里，产生价值的来源有3个：企业通过服务或产品创造的价值空间；与顾客互动产生的价值空间；与合作伙伴、产业伙伴、生态伙伴共同创造的价值空间。这3个价值空间为我们带来了完全不同的成长速度和发展可能性。

可见，共生模式在企业未来发展中的重要性不言而喻。以制造业为例，该模式下，不同企业间建立起紧密的合作关系，共同参与产品的研发、生产和销售等各个环节。这些企业基于相互信任和依赖，共同分担风险与收益。通过协同共生，企业得以实现成本降低、效率提升、资源配置优化，进而提升产品质量和创新能力，推动企业可持续发展。

我们之所以强调共生的重要性，是因为新的价值往往源于共生——与顾客的共生、与生态伙伴的共生。也正是因为我们已经打磨好产品和服务，并准备与共生伙伴携手共创更大的价值。一旦这种价值得以实现，我们就会更有信心和能力去追逐梦想，在未来助力和服务中国千万家需要数字化转型的企业，帮助它们健康地实现高质量成长，同时实现持续的生长与繁荣。

二 赢时思变：坚持长期主义引领企业可持续发展

◉ 做时代的长期主义者

当今时代，"长期主义"成为企业发展的关键词之一。那么，为何我们现在比以往更加强调"长期主义"的发展理念呢？

众所周知，巴菲特的投资策略总是对外公开，其简洁明了，令人称奇。亚马逊的创始人贝索斯曾好奇地问他："你的投资体系如此简单，为何众人不纷纷效仿呢？"巴菲特淡然回应："因为没有人愿意慢慢变富。""愿意慢慢变富"之中，蕴含着持续深耕的耐心与时间赋予的丰厚回馈。或许，这正是对长期主义者最精准的诠释。

◉ 长期主义：企业基业长青的基石

无数的事实案例已经证明，所有能够基业长青的企业，都是长期主义的坚定践行者。在艰难时期，他们更是坚守长期主义，不改初心。坚守长期主义的实践路径和具体内容见表10-1。

表 10-1　坚守长期主义的实践路径和具体内容

实践路径	具体内容
在不确定中锚定确定性	企业要追求长期利益，就必须在充满变数的世界中寻找确定的答案。唯有从更长的时间维度去审视，才能分辨出真正的大势所趋，避免被一时的纷扰和泡沫所迷惑；唯有从更长远的利益出发，才能坚守初心，不被短期诱惑所动摇
选择难而正确的道路	"愚者贪图捷径，智者则勇于踏入窄门。"面对宽广的大门，众人蜂拥而入，却发现道路越走越窄；而那些一开始就选择窄门的人，凭借着正确的指引和坚定的信念，将这条荆棘之路越走越宽广。真正的长期主义者，敢于舍弃眼前的便捷，毅然踏上那条艰难却正确的道路
在发展中追求持续性	流水不争一时的先后，它追求的是源源不断的流淌。长期主义者深知，在长时间的耕耘中，不是简单的重复劳动，而是不断地改进和创新；不是忍受枯燥无味的坚持，而是在每一个细节中精益求精，持续向好。他们相信，真正的成功来自时间的积累和持续的努力

穿越周期是一个超长线的过程。企业不仅面临自身发展的周期，还要应对经济周期、资本周期、需求周期和供给周期等多重挑战。因此，企业还需要以稳定的战略去穿越这些周期，同时以创新的、即时的战术去应对市场、企业和用户等的变化。同时，企业要将长期目标渗透于当下的决策中，用长期利益对当下决策进行纠偏和指引。

竞争没有终局，但长期主义者的对手从来不是身边的竞争者。正如贝索斯所言："如果做一件事的眼光只放在未来三年，和你同台竞技的人很多；但如果能放到未来七年，和你同台竞争的人就很少了，因为很少有公司愿意做那么长远的打算。"

企业存在的目的不是短期的生意，而是有超越利益的、更高远、长期的追求。机会主义者只能获得暂时性的胜利，实用主义者会获得阶段性的胜利，而只有长期主义者才能赢得持续性的胜利。

坚持长期主义注定是一条难而正确的路。每一个走在这条路上的企业，都将过滤杂音、拨开迷雾，最终抵达彼岸，收获时间带来的增长和财富沉淀带来的温度。

当前，人们更加深刻地意识到人与大自然的关系，更加敬畏自然和生命。我们对自然和外部世界的未知远大于已知。因此，保护青山绿水所构成的生态环境，不仅是人们赖以生存的家园，也是维护地球生态平衡的重要责任。

作为一家以信息技术为主的科技企业，中数通要更加关注企业运营对气候、水等自然环境的影响。在探索以人工智能为代表的前沿科技应对地球重大挑战方面，我们要有更大的投入和更积极的探索。大力推进节能减排、提升农业种植效率、合理开发和利用水资源等，这些都是人们未来需要面对的重要而基础的问题。

未来无论是谁，想要成为一家有影响力的企业，其发展历程必然如大海航行，经历惊涛骇浪般的起起伏伏。在这个过程中，唯有坚守长期主义的思维，才能确保企业持续做出明智的战略选择，稳健前行。同时，企业还需要像敏锐的航海家一样，根据外部市场环境的瞬息万变，及时捕捉机遇，灵活调整自身的发展目标与战术策略。这既是企业应对挑战的秘诀，也是其屹立不倒、持续繁荣的基石。

◉ 商业的至高境界：利他思维

在本书的尾声，我们想以分享者的姿态与大家谈谈对于商业的理解。换句话说，当我们行至中途，是否还记得出发那一刻，自己的初心？历经数载，目睹过无数的创业项目与商业模式，我们又是否曾静下心来，问过自己：商业的本质究竟是什么？它追求的至高境界又是怎样的？

早在一万年前的中国，商业行为就已初现端倪。或许最初只是源于一个山顶洞人，拿着他多余的狼牙去交换邻居的虎皮，这种原始的物物交换，构成人类最早的商业形态。因此，简而言之，商业的本质便是交换。

然而，时至今日，商业的形态早已超越了狼牙换虎皮的简单模式。互联网的蓬勃发展，为现代商业注入了前所未有的活力与能量。在这个日新月异的时代，若想在商业领域立足，就必须深入探究商业的核心本质—你拿什么去与这个世界进行交换？更直白地说，你靠什么来赚钱？

◉ 商业的四重境界

如前文所述，商业的本质是交换，但不同的商业模式，其层次与境界却大相径庭。

第一重境界：以自我为中心的交换模式

这种模式仅仅根据个人的需要去交换价值，无须考虑其他条件，这种被动的交换模式在商业世界中屡见不鲜。

第二重境界：以产品或服务为中心进行交换

它意味着将自身的能力与资源进行结合，创造出产品或服务来交换价值。只要产品足够优秀，就能吸引用户进行价值交换。

第三重境界：以用户为中心进行交换

它强调根据用户的需求来创造产品或服务，以实现价值的交换。

第四重境界：立足于爱与社会公益的交换模式

这种交换模式完全从用户的利益和角度出发，不仅满足用户的物质需求，还关注其精神需求。在与用户进行交易时，它致力于提升社会经济发展，为国家作出贡献，而不仅仅局限于眼前的私利。这类公司虽然罕见，但却是构建百年基业的不二法门。

在互联网时代，人们的消费习惯发生了巨大的变化，所有的交易都可以在线上轻松完成。然而，在这种形势下，"利他思维"尤为重要。你的产品、你提供的服务，都应真正以"用户为中心"，去深入思考用户的感受。我们应学会建立价值思维，而非单纯的价格思维。因为一味地低价或优惠并不能保证企业持久的生存，唯有核心价值才能让企业在商业的海洋中屹立不倒。

稻盛和夫曾言："人只要怀揣利他之心，行利他之事，命运自会好转。"这就是"利他思维"。无论是在生活的琐碎中，还是在职场的奋斗里，让别人过得舒心，自己才能过得惬意。凡事顾及他人，其实也是在成就自己。说到底，所有大格局的背后，都蕴含着一种深刻的利他精神。

中国人从古至今也有着深厚的利他思想。比如"成人达己，成己达人"，这句话就充满了辩证思维，它告诉我们：要成全别人，自己才能得以成全；在成全自己的同时，也成全了别人。

我们常说，得人心者得天下，经营企业也是一样的。如果我们能够做到心中有他人，经常帮助别人，多做善事，就能够赢得人心，做事情也会更加顺心如意。

— 参考文献 —

[1] 谢平, 邹传伟. 互联网金融模式研究[J]. 金融研究, 2012(12): 11–22.

[2] 黄益平, 黄卓. 中国的数字金融发展: 现在与未来[J]. 经济学(季刊), 2018, 17(4): 1489–1502.

[3] 孙济滩, 沈悦. 数字金融如何影响实体企业金融投资?: 异质性特征、机制检验与动机识别[J]. 现代经济探讨,2021(9): 56–68.

[4] 郭峰, 王靖一, 王芳, 等. 测度中国数字普惠金融发展: 指数编制与空间特征[J]. 经济学(季刊), 2020, 19(4): 1401–1418.

[5] 谢绚丽, 沈艳, 张皓星, 等. 数字金融能促进创业吗?: 来自中国的证据[J]. 经济学(季刊), 2018, 17(4):1557–1580.

[6] 莫易娴. 互联网时代金融业的发展格局[J]. 财经科学, 2014(4): 1–10.

[7] 汪亚楠, 叶欣, 许林. 数字金融能提振实体经济吗[J]. 财经科学, 2020(3): 1–13.

[8] 尹志超, 刘泰星, 张逸兴. 数字金融促进了居民就业吗? [J]. 福建论坛(人文社会科学版), 2021(2): 98–112.

[9] 杜传忠, 张远. "新基建"背景下数字金融的区域创新效应[J]. 财经科学, 2020(5): 30–42.

[10] 唐松, 伍旭川, 祝佳. 数字金融与企业技术创新: 结构特征、机制识别与金融监管下的效应差异[J]. 管理世界, 2020, 36(5): 52–66.

[11] 聂秀华. 数字金融促进中小企业技术创新的路径与异质性研究[J]. 西部论坛, 2020, 30(4): 37–49.

[12] 邱晗, 黄益平, 纪洋. 金融科技对银行行为的影响:基于互联网理财的视角 [J]. 金融研究, 2018(11).

[13] 北京大学数字金融研究中心课题组. 数字金融的力量：为实体经济赋能 [M].北京:中国人民大学出版社, 2018.

[14] 谢平, 刘海二. ICT、移动支付与电子货币[J]金融研究, 2013 (10).

[15] 解维敏. "脱虚向实"与建设创新型国家：践行十九大报告精神[J]. 世界经济，2018,41(8): 3–25.

[16] 赵建宁, 厉浩, 杨敏, 等.江苏省国家教育考试标准化考点的建设与思考[J]. 江苏科技信息, 2013 (1): 50–53.